Loki Schmidt

Schützt die Natur

Impressionen aus unserer Heimat

Loki Schmidt

Schützt die Natur

Impressionen aus unserer Heimat

Herder Freiburg · Basel · Wien

Bildnachweis

E. Andres, Hamburg (S. 49); Dr. H. J. Bauer, Recklinghausen (S. 73); E. Baumann, Bad Reichenhall (S. 125); H. Bechtel, Düsseldorf (S. 30 li., 31); Dr. R. Brocksieper, Recklinghausen (S. 76 oben); W. Damke, Bremen (S. 37); J. H. Darchinger, Bonn (S. 9); P. Haffner, Merzig (S. 101, 102); F. Hockenjos, St. Märgen (S. 114 unten); U. Höch, Stuttgart (S. 52 oben); Dr. K. Horst, Lüneburg (S. 52 unten); Jacana (S. 128); Aribert Jung, Hilchenbach (S. 32); W. Koelle, Lüneburg (S. 50); P. Kohlhaupt, Kippenheim (S. 126, 127); W. Layer, Mannheim (S. 23, 38, 39, 74, 75, 76 unten, 114 oben); N. Mathey, Freiburg (S. 115); H. Pfletschinger, Ebersbach-Fils (S. 63); Dr. K. Rasbach, Glottertal (S. 103, 104, 113); W. Schlechtweg, Hannover (S. 29); G. Schumann, Reinhardshagen (S. 85, 86/87, 87, 88 li., 88 re.); Senator für Bau- und Wohnungswesen, Berlin (S. 64); W. Tigges, Berlin (S. 61); K. Tönges, Lahntal-Goßfelden (S. 30 re., 51, 88 re. unten); E. Traubenkraut, Ettringen (S. 40, 62, 89, 90, 91, 92, 116); Verein Jordsand (S. 21, 22, 24).

2. Auflage

Herstellung: Freiburger Graphische Betriebe 1979
ISBN 3-451-18225-4

Jahrhundertelang ist der Mensch auf dieser Erde mit der Natur – der Tier- und Pflanzenwelt – umgegangen, als seien diese Güter nur zu seinem Wohlbefinden vorhanden und unendlich vermehrbar. Schon seit einiger Zeit wissen wir, daß das ein Trugschluß ist. Heute gibt es eine Anzahl von Tier- und Pflanzenarten, die so gut wie ausgestorben sind. Und das nicht nur in den entfernten Gegenden der Welt, sondern in unserer eigenen engeren Heimat! Wenn dieser Prozeß weiter fortschreitet, dann werden vielleicht schon unsere Kinder bestimmte Pflanzen nur noch auf Abbildungen oder präpariert unter Glas kennenlernen, die für uns noch so selbstverständlich vorhanden waren, daß wir sie gar nicht beachtet haben.

Genau dazu will Loki Schmidts Buch „Schützt die Natur" anregen und aufrufen: zur Be-Achtung unserer Natur. Zur Mitwirkung sollte sich der Mensch schon um seiner selbst willen aufgerufen fühlen, denn eine zerstörte natürliche Umwelt bedeutet auch eine beeinträchtigte menschliche Umwelt.

Was kann aber der einzelne dazu beitragen?

Er muß zunächst einmal wissen, welche Pflanzen und Landschaften bedroht sind und damit geschützt werden müssen. Ihm sollen die Augen geöffnet werden für die oft unscheinbaren Dinge der Natur, damit er eigene Unachtsamkeiten vermeiden kann.

Auch aktive Mithilfe beim Pflanzenschutz ist natürlich gefragt, wie sie das Kuratorium zum Schutz der gefährdeten Pflanzen betreibt. Das muß nicht immer durch große und spektakuläre Aktionen geschehen, gerade beim Pflanzenschutz spielt die Kleinarbeit eine große Rolle. Jeder einzelne kann durch Überlegung und Sorgsamkeit seine Umwelt schützen, indem er – manchmal ganz kleine – Stückchen von Natur, die noch im Gleichgewicht sind, genauso unberührt läßt und erhält. Solche Pflege des natürlichen Umfeldes bedeutet nicht nur einen Beitrag für den biologischen Lebensraum, sie bringt als Wechselwirkung auch dem Menschen mehr Daseinsfreude im Gefüge der Natur, das in unserer hochzivilisierten Welt schon fast außer Sicht geraten ist.

Wenn sich die Sparkassen und Landesbanken bei der Herausgabe des Bildbandes „Schützt die Natur" zu ganz besonderem Engagement bereit gefunden haben, so deshalb, weil sie mit den Menschen in der jeweiligen Region besonders eng verbunden sind und sie hier zum Schutz der Heimat aktiv beitragen können. Naturbeschreibungen aus unseren elf Bundesländern wollen dazu anregen, daß bei zunehmender Freizeit mehr und mehr Menschen in unserem Land die nicht so auffälligen, aber schutzbedürftigen Schönheiten der Natur entdecken und auch die schon „Bewanderten" Neues kennenlernen.

Im April 1979

Die Sparkassen und Landesbanken

Zum Geleit

Seit dem „Europäischen Naturschutzjahr“ 1970 ist das Umweltbewußtsein unserer Bevölkerung stark gewachsen.

Die Menschen wollen wissen, wer letztlich das Badeverbotsschild am Ufer des verschmutzten Sees zu verantworten habe, protestieren laut gegen qualmende Schlote und stinkende Abfallhalden, sind nicht mehr bereit, sich Nacht für Nacht durch das Getöse des Straßenverkehrs aus dem Schlaf reißen zu lassen, fragen besorgt nach der Wirkung von Fremdstoffen in den Nahrungsmitteln. Dies alles gehört zum sogenannten technologisch-hygienischen Umweltschutz, und hier ist während der letzten Jahre manch beachtlicher Fortschritt zum Besseren getan worden. Mit guten Gesetzen und ihrem Vollzug, mit erprobten und neuen Technologien, mit Geld und mit gutem Willen sind die Probleme des technologisch-hygienischen Umweltschutzes – und mögen sie noch so schwierig sein – zu lösen.

Aber eine Pflanzen- oder Tierart, die ausgestorben ist, können wir auch mit noch soviel Geld und technischem Know-how nicht wieder erstehen lassen. Damit will ich sagen, daß wir alle – Regierung, Umweltschutzverbände und jeder einzelne Bürger – während der letzten Jahre den biologisch-ökologischen Umweltschutz, den Schutz der wildwachsenden Pflanzen und freilebenden Tiere gegenüber den drängenden Tagesproblemen des technologisch-hygienischen Umweltschutzes nicht nur ein wenig, nein allzu stark vernachlässigt haben. Über 30% unserer wildwachsenden Farn- und Blütenpflanzen, über 50% unserer heimischen Wirbeltierarten stehen auf den warnenden „Roten Listen“, sind mithin in ihrem Fortbestand mehr oder weniger ernstlich gefährdet. Schon sind Klatschmohn und Kornblume bald nur noch im Botanischen Garten zu sehen, ja Feldhase, Rebhuhn und Wachtel zum seltenen Erlebnis für den Wanderer in vielen deutschen Landschaften geworden.

Sie sterben ohne Klagen und Schreien. Aber wir brauchen sie; mit dem Verschwinden jeder einzelnen Art, und sei sie noch so unscheinbar, wird unser eigenes, menschliches Leben ärmer und letztlich selbst gefährdeter in seinem Fortbestand auf diesem Planeten.

Zu den aktiven Naturschützern unseres Landes zählt Frau Hannelore Schmidt. Sie hilft uns, nicht mit gelegentlichen Sonntagsreden, sondern aktiv durch ihren sehr persönlichen Einsatz: Bei der Schallplattenaktion „Aus Liebe zur Natur“, mit den eigenhändigen Entwürfen zu der Teller-Serie seltener Pflanzen aus Porzellan, durch unermüdliches Sammeln von Geld für Naturschutzzwecke und nun durch dieses Buch.

Frau Schmidt lädt den Leser ein, sie auf Tageswanderungen durch elf mit Bedacht ausgewählte Naturschutzgebiete oder schützenswerte Landschaften der Bundesrepublik zu begleiten, sich mit ihr zu freuen über das Schöne und Interessante, das es hier zu sehen gibt, aber auch die Sorgen kennenzulernen, die mit der Erhaltung dieser Lebensräume von Pflanze und Tier verbunden sind. Die elf Gebiete stehen stellvertretend für die rund 1200 Naturschutzgebiete unseres Landes – nicht wenige, besonders die kleineren, ernstlich gefährdet in ihrem Fortbestand. Erleben, sehen, Probleme erkennen und aktive Hilfe zu ihrer Lösung leisten – das ist es, was wir im Naturschutz brauchen!
Als ich mich vor einigen Jahren am Ende meines ersten Besuchs bei Frau Hannelore Schmidt verabschieden und ihr dabei für ihre wertvolle Hilfe danken wollte, da hat sie entschieden abgewehrt: „Wir arbeiten beide für die gleiche Sache, unter Mitarbeitern ist gegenseitiger Dank nicht nötig.“ Gut, aber bitten darf ich – nun sicher im Sinne der Verfasserin – den Leser, dieses Werk recht vielen Bekannten zu schenken oder zu empfehlen. Denn: Zwei Mark vom Erlös jedes Buches fließen dem Kuratorium zum Schutze gefährdeter Pflanzen im Deutschen Naturschutzring zu und tragen mit dazu bei, Lebensstätten gefährdeter Pflanzen zu retten.

PROFESSOR DR. WOLFGANG ENGELHARDT
Präsident des Deutschen Naturschutzrings e. V.,
Bundesverband für Umweltschutz e. V.

Seite 9:
Das große Anliegen der Hobby-Botanikerin Loki Schmidt ist es, immer wieder auf die Schönheiten der Natur und auf ihren Schutz hinzuweisen. Geschautes zu zeichnen macht ihr Spaß, und so entstanden auch die acht Aquarelle auf den beiden folgenden Seiten ausschließlich für dieses Buch.

Seite 10:
Links oben: Gewöhnliche Küchenschelle, Kuhschelle (Pulsatilla vulgaris), *blüht März–Mai; geschützt, da vom Aussterben bedroht.*

Rechts oben: Frühlings-Knotenblume, Märzenbecher (Leucojum vernum), *blüht Februar–April; geschützt.*

Links unten: Arnika, Berg-Wohlverleih (Arnica montana), *blüht Juni–August; teilweise geschützt, da gefährdet.*

Rechts unten: Lungen-Enzian (Gentiana pneumonanthe), *blüht Juli–September auf Moorwiesen und in Flachmooren; geschützt, da stark gefährdet.*

Seite 11:
Links oben: Rundblättriger Sonnentau (Drosera rotundifolia), *blüht Juli/August; teilweise geschützt, da gefährdet.*

Rechts oben: Alpenveilchen (Cyclamen purpurascens), *blüht Juli–September; geschützt.*

Links unten: Leberblümchen (Hepatica nobilis), *blüht März/April; teilweise geschützt.*

Rechts unten: Hohe Schlüsselblume (Primula elatior), *blüht März–Mai; teilweise geschützt.*

Seite 12:
Derzeit gibt es über 1200 Naturschutz- (Fläche ca. 200 000 ha) und mehr als 5300 Landschaftsschutzgebiete (Fläche über 5 Mill. ha). Die beiden Begriffe werden vielfach verwechselt, obwohl sie Grade sehr verschiedenen Schutzes bezeichnen. Naturschutzgebiete sind durch eine Verordnung geschützte Bereiche, in denen die Natur in ihrer Ganzheit oder in einzelnen Teilen strengen Schutz genießt. Dieser Schutz gilt besonders für Landschaften, in denen Lebensgemeinschaften oder Lebensstätten seltener oder vom Aussterben bedrohter Tier- und Pflanzenarten aus wissenschaftlichen, naturgeschichtlichen oder landeskundlichen Gründen, wegen ihrer Seltenheit, Eigenart oder besonderen Schönheit gesichert werden sollen. Hier herrscht absolutes Sammelverbot, das heißt, auch nicht geschützte Pflanzen oder Teile von ihnen dürfen nicht mitgenommen werden. Es ist nötig, die Verordnungen ernst zu nehmen und alle Handlungen zu unterlassen, die zu einer Zerstörung, Beschädigung oder Veränderung des Naturschutzgebietes oder seiner Bestandteile führen könnten. Bei größeren Schutzgebieten ist der Öffentlichkeit der Zugang auf Wegen gestattet.
Einen etwas schwächeren Schutz genießen die Landschaftsschutzgebiete. Sie sollen für die Erhaltung oder Wiederherstellung der Leistungsfähigkeit des Naturhaushaltes, wegen der Vielfalt, Eigenart oder Schönheit des Landschaftsbildes oder wegen ihrer besonderen Bedeutung für die Erholung besonders geschützt werden. Bei ihnen liegt eine Erhaltung und der Schutz im öffentlichen Interesse: daher müssen Beeinträchtigungen der verschiedensten Art vermieden werden. Besonders wichtig ist bei ihnen die Pflege, und diese vor allem im Hinblick auf das Landschaftsbild und die Gewährleistung eines leistungsfähigen Landschaftshaushaltes.
Alle Schutzgebiete sind gekennzeichnet: Ein auf der Spitze stehendes weißes Dreieck mit grünem Rand und dem Symbol des kreisenden Seeadlers.

Pulsatilla vulgaris

Leucojum vernum

Arnica montana

Gentiana pneumonanthe

Drosera rotundifolia

Cyclamen purpurascens

Hepatica nobilis

Primula elatior

Natur- und Landschaftsschutzgebiete in der Bundesrepublik Deutschland und Berlin (West)

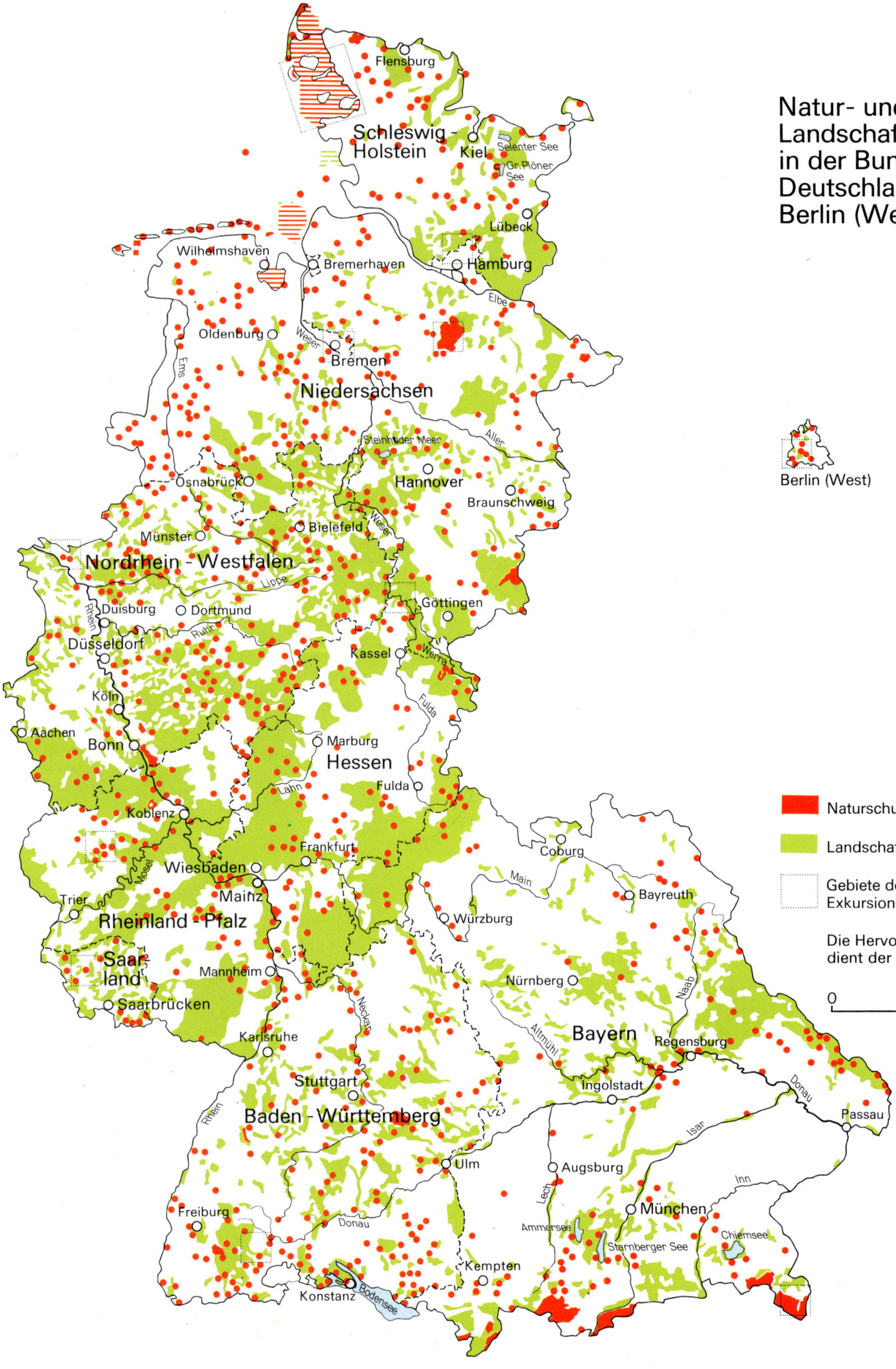

Naturschutzgebiete

Landschaftsschutzgebiete

Gebiete der beschriebenen Exkursionen

Die Hervorhebung einzelner Städte dient der Orientierung

0 50 100 km

Inhalt

Einführung

Dieses Buch beschreibt elf Wanderungen; es soll die Vielfalt und Unterschiedlichkeit unseres Landes zeigen von der Wattenküste über das Mittelgebirge zu den Alpen, von der weiten Flußlandschaft über das Moor zum „Urwald".
Jedes Bundesland steht stellvertretend für eine Landschaftsform, für eine Lebensgemeinschaft aus Pflanze, Tier und geologischer Gegebenheit. Die Darstellungen möchten zugleich auch zeigen, wie wichtig es ist, die Vielfalt unseres Landes zu schützen und zu erhalten. Die Auswahl der elf Landschaften – zumeist Naturschutz- und Landschaftsschutzgebiete – ist von mir ganz subjektiv getroffen worden. Auch die Beschreibung der einzelnen Wanderungen kann nicht vollständig sein. So wird es zu jeder Jahreszeit und an jedem Tag andere Dinge zu entdecken geben. Im Anhangteil bei jedem Kapitel erfahren Sie, welche Pflanzen, welche Tiere, welche Mineralien und Versteinerungen Sie ohne allzu große Mühe in den von mir durchwanderten Gebieten finden können. Es gibt zahlreiche Bestimmungsbücher für Pflanzen, Tiere, Minerale und Versteinerungen, die Ihnen bei Ihren Entdeckungsreisen helfen können. Stets aber sollten Sie sich vor Augen halten: „Ansehen immer – Abpflücken oder Mitnehmen nie!" Wie schön ist es, die Natur unberührt vor sich zu sehen. Wenn Sie das Geschaute sogar mit Skizzenblock oder Foto bewahren, können Sie mit noch mehr Freude das Erlebte lebendig erhalten.
Zum Schluß möchte ich mich für die Herausgabe dieses Buches beim Verlag Herder in Freiburg bedanken. Mein Dank für die fachliche Durchsicht des Manuskriptes gilt ferner den Herren U. Schneider (Schleswig-Holstein), Prof. Dr. H. Nothdurft (Hamburg), W. Damke (Bremen), H. Makowski (Niedersachsen), A. Schmidt (Nordrhein-Westfalen), Prof. Dr. G. Follmann (Hessen), Dr. I. Wenzel (Rheinland-Pfalz), P. Haffner (Saarland), Prof. Dr. H. Schönnamsgruber (Baden-Württemberg), Dr. W. Lippert (Bayern), Prof. Dr. H. Sukopp (Berlin) und Siegfried Lenz.
Die Beschreibungen dieses Buches möchten – wie ein Mosaik zusammengesetzt – dazu anregen, mit offenen Augen und vielleicht auch mit ein bißchen Entdeckerfreude durch unser Land zu gehen.

LOKI SCHMIDT

Schleswig-Holstein: Die Hallig Norderoog

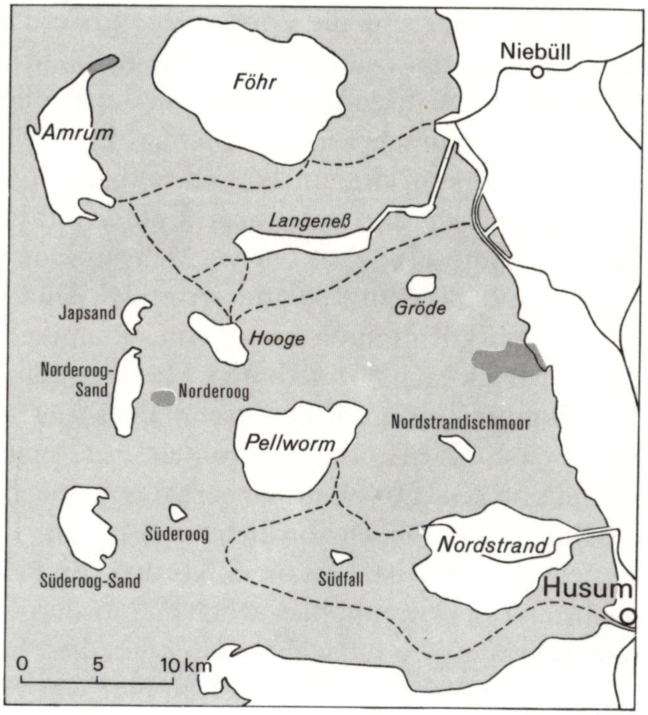

Die Hallig Norderoog ist ein kleiner Punkt im nordfriesischen Wattenmeer. Besonders ungeschützt der offenen See ausgesetzt, liegt dieses Fleckchen Erde wie eine flache, ovale grüne Schüssel da. Das Watt – zweimal am Tag Meer, zweimal Land und doch keines von beiden –, das Watt, das sich wie kein anderes Gebiet der Erde ständig verändert, ist nur ein etwa 20–30 km breiter Streifen, der sich an der Westseite Schleswig-Holsteins entlangzieht. Ebbe und Flut, die Gezeiten, kommen und gehen jeden Tag alle 12 Stunden und 25 Minuten. Das auflaufende Wasser bringt viele feine Schwebstoffe mit sich, die sich an einigen Stellen absetzen, besonders an der Ostseite der Nord- und Ostfriesischen Inseln. Diese recht nährstoffreichen Schwebstoffe begründen das üppige Tierleben in diesem Gebiet. Die meisten Inseln – die Halligen – sind nicht eingedeicht. Die Menschen bauen ihre Häuser auf Warften, auf künstlichen Hügeln.

Auch Norderoog war früher bewohnt. Aber schon im vorigen Jahrhundert brach durch verschiedene Sturmfluten soviel von der Nord- und Westkante ab, daß die Besitzer zur Hallig Hooge zogen; nur im Sommer grasten dort Schafe, wurde dort Heu gemacht.

Bei Norderoog handelt es sich zwar um eine der kleinsten Nordsee-Inseln, aber dieser kleine Fleck hat eine der höchsten Vogelbrutdichten Deutschlands und ist der einzige Platz, wo ständig Brandseeschwalben brüten. Das ist der Grund, warum sich schon um die Jahrhundertwende Vogelfreunde für Norderoog interessierten. 1909 hat der „Verein Jordsand zum Schutze der Seevögel" die Insel gekauft. Damals war sie noch 18 ha groß. Inzwischen sind es nur noch 8 ha. Und es ist die einzige der Nordfriesischen Inseln, die sich in Privatbesitz befindet.

Obwohl Norderoog nur etwas über 30 km westlich von Husum liegt, ist es mühsam, dorthin zu gelangen. Eine direkte Verbindung gibt es nicht. Das erscheint auch gut so; denn diese Hallig ist durch ihren besonderen Bewuchs und vor allem als Brutgebiet von Tausenden von Seevögeln ein einmaliges Naturschutzgebiet. An der Nordostkante stehen auf soliden Pfählen für Vogelwärter zwei Hütten, die während des Sommers bewohnt sind. Die Naturschützer sorgen dafür, daß die Vögel während der Paarungs- und Brutzeit ungestört bleiben; obwohl mit wissenschaftlicher Arbeit beschäftigt, machen sie auch kleine Führungen für Besucher, die während der Ebbe von der Hallig Hooge durch das Watt kommen.

Ich hatte es einfacher und bequemer. Ende März 1977 wurde die neue zweite Hütte aus zwei Containern, die mit Hubschraubern vom Festland eingeflogen wurden, zusammengebaut. Und ich durfte die neue Unterkunft einweihen.

Mit dem Auto erreichen wir von Husum aus nach kurzer Zeit den Damm, der seit 1935 Nordstrand mit dem Festland verbindet. Durch das fruchtbare Nordstrand mit saftig-grünem Winterkorn fahren wir in einer knappen halben Stunde an die Westseite, zum Café „Hallig-Blick" am Norderhafen. Hier hat man vom Deich aus einen weiten Blick über das Wattenmeer. Vor uns liegt als schmaler Streifen über dem Horizont Pellworm. Um mit dem Schiff nach Norderoog zu kommen, muß man zwei Stunden vor Hochwasser von Nordstrand ablegen. Das Wattenmeer ist ja keine ebene Fläche. Es hat Sände und tiefe Rinnen, die Priele. Wir müssen nördlich um Pellworm herum durch einen Priel, weil sonst die Wassertiefe zu gering ist. Genau im Norden von Pellworm liegt eine Untiefe, über die man zum nächsten Priel kommt, der östlich an Norderoog vorbeiführt. Ja, und wenn man nicht beim höchsten Wasserstand während der Flut diese Stelle, das „Rummelloch", passiert, dann sitzt man fest und muß auf die nächste Flut warten.

Wir stärken uns also noch mit einer gebratenen Scholle und einem „Pharisäer" (Kaffee mit Rum und einer Sahnehaube), dem Nationalgetränk an der Küste, und sind pünktlich um 13.00 Uhr am Hafen Strucklahnungshörn. Dort liegt ein Ausflugsdampfer bereit, um alle Gäste aufzunehmen, die bei der Einweihung der neuen Hütte dabei sein dürfen. Aber es liegt dort auch ein leuchtend farbiges, breit gebautes Fahrzeug mit einem hohen offenen Turmaufbau als Brücke. Das ist der Seenotrettungskreuzer „Hindenburg" der „Deutschen Gesellschaft zur Rettung Schiffbrüchiger", der DGzRS. Viele Berichte in den Jahrbüchern zeigen, welch einen wichtigen, lebensentscheidenden Dienst ein Rettungsboot hier versieht.

Heute sollte es allerdings eine friedliche Fahrt machen. Vier Mann Besatzung und etwa zehn Gäste steigen schnell an Bord. Vor uns liegt eine weite Wasserfläche, und als dunkler Strich über dem Meer Pellworm. Zuerst tuckern wir in Richtung auf die Inseln, machen dann aber einen Bogen nach Norden. Nordstrandischmoor taucht als dunkler Schatten auf. Wir sehen einige Eiderenten und andere Entenvögel, die aber zu weit entfernt sind, als daß wir sie genauer erkennen könnten. Sturm- und Silbermöwen sind auch vereinzelt zu sehen. Der Himmel ist bedeckt, die See bleibt ruhig. Nur gelegentlich kommt eine dunklere Wolke. Es regnet; in die Tropfen mischen sich einzelne Schneeflocken. Und dabei haben wir schon Ende März. Das Schiff geht auf langsame Fahrt. Wir sind etwa zwei Stunden unterwegs. Irgendwo unter uns muß die flache Stelle, das „Rummelloch", liegen. Da gibt es auch schon ein kratzendes Geräusch und einen leichten Stoß, dann noch einmal, und wir haben es geschafft. Die „Hindenburg" macht wieder volle Fahrt.

Hallig Hooge ist jetzt deutlich mit seinen Warften zu sehen. Vor uns taucht ein kleiner Kasten auf, die alte Hütte von Norderoog. Nun dauert es nicht mehr lange, und wir erreichen die sandige Wattkante.

Das Ausbooten beginnt, denn die „Hindenburg" muß ja im tieferen Wasser des Priels ankern. Wir steigen in das kleine Beiboot. Jeder muß ein Stück Gepäck mitnehmen, denn jeder Tropfen Süßwasser, alle Verpflegung, was wir auch brauchen, muß nun geschleppt werden. Das kleine Boot schrammt auf den Sand. Das Wasser ist hier so flach, daß wir mit Gummistiefeln gut vorankommen. Dies ist eine Stelle, die von feinem weißem Sand bedeckt ist und nicht von dem nahrhaften, blauen, rutschigen Schlamm. Sanft geht es bergan.

Wir bewegen uns jetzt auf dichtem Queckenrasen. Das alte Gras vom Vorjahr ist graugelb und dicht verfilzt. Dazwischen ragen einzelne Schilfhalme, deren alte Blätter wie bräunliche Fahnen wehen. Einzelne Austernfischer trippeln auf dem Sand zwischen den Lahnungen (Pfahl- und Buschwände, die bei ablaufendem Wasser die Sinkstoffe festhalten sollen) und fliegen bald laut rufend davon. Viele Vögel werden wir heute nicht zu sehen bekommen. Immerhin sind über 200 Menschen auf die Insel gekommen. Aufregend und atemberaubend ist das Einfliegen und Aufsetzen der beiden Container, die die neue Hütte bilden.

Nach der feierlichen Taufe – dem Ort und der Jahreszeit entsprechend mit Rum – laufen wir am Nordrand der Insel entlang zur Westspitze, die ja am meisten gefährdet ist. Über Queckenrasen geht es zu einem Gebiet mit mehreren Salzwassertümpeln. Die Reste von vorjähriger Melde kann ich erkennen. Da ist auch der Queller *(Salicornia europaea)*. Er ist die Pionierpflanze, die auf dem stark salzhaltigen Boden wächst. Wie ein kleiner dickfleischiger Kaktus steht der Queller aufrecht da. Daneben ist auch ein trockener Blütenstand der Statice oder des Strandflieders *(Limonium vulgare)*, den ich mir abpflücke. Von der zart-lila Farbe der Blüten des Vorjahres ist nichts mehr zu erkennen. Aber die schöne, feingegliederte Form des Blütenstandes blieb erhalten.

An der Westspitze sieht es böse aus. Die Lahnungen sind unterspült. An manchen Stellen hat sich ein richtiges Miniaturkliff gebildet. Hier verliert die Insel das meiste Land.

Und hier wollen zwei Männer ein großes Abenteuer wagen. Der Vorsitzende des Vereins Jordsand, Uwe Schneider, und Peter Bruhns von der Norddeutschen Affinerie haben den Plan gefaßt, mit Schotter- und Schüttsteinen der Firma „Norddeutsche Affinerie" die schwer gefährdete Westspitze der Hallig gegen Sturmfluten zu sichern.

Heute wird, als symbolische Handlung, von jedem der Besucher in das größte Loch der Abbruchkante ein Stück Schlacke oder Schotter geworfen. Dann wandern wir durch die winterliche, graugrüne struppige Quecke zurück. Wir steigen über den Priel, der Norderoog durchzieht. Hier stehen wieder Salz-Melde, Queller und einige Salz-Astern. Im Bogen kommen wir zur alten und neuen Hütte zurück.
In den nächsten drei Monaten schaffen es Peter Bruhns und Uwe Schneider tatsächlich, mit 150 freiwilligen Helfern, auf primitiven Gleisen von der Prielkante bis zur Westspitze Norderoogs das Material heranzuschaffen und einzubauen, so daß nun ein ungefähr 300 m langer und 10 m breiter Streifen die ungeschützteste Westseite der Insel sichert.
Im Oktober gibt es für mich die Möglichkeit, eine Patrouillenfahrt des Seenotrettungskreuzers „Hindenburg" mitzumachen. Ich möchte zu gern den Vogelzug auf Norderoog beobachten. Außerdem würde ich gern die fertige Uferbefestigung sehen.
Bis Nordstrand ist die Autofahrt einfach. Links und rechts vom Damm nach Nordstrand grasen Brandgänse in kleinen Trupps. Dicke Wolken wandern schnell und schneller über den Himmel. Das sieht beinahe nach Sturm aus. Im Café „Hallig-Blick" erkundigen wir uns nach dem neuesten Wetterbericht. Es ist Windstärke 9–10 mit Orkanböen angesagt. Das hört sich ja heiter an! Wir fahren zum Hafen Strucklahnungshörn, um zu fragen, ob der Seenotrettungskreuzer überhaupt fährt. Vier vergnügt grinsende Männer stehen an Deck der „Hindenburg" und machen uns klar: „Wir fahren!" Da will ich dann aber auch mit. Schnell wird der Proviant an Bord verstaut. Es ist noch fast zwei Stunden bis Hochwasser, aber das Wasser schwappt schon an einigen Stellen über die Hafenmauer. Wir legen ab, die Fahrt geht gegen Wind. Das heißt für uns, festhalten und anklammern. Fast jede Welle spritzt hoch über das Schiff, und man muß sich oben auf dem Turm am Ruder bei jedem Brecher hinter die Schutzscheibe ducken. Der Kapitän putzt immer wieder die Scheibe, damit man die Priggen (eingerammte Hölzer zur Markierung des Fahrwassers) erkennen kann, an denen er sich langsam vorbeiarbeiten muß, um ins tiefere Wasser zu steuern. Jetzt kommt ein Regenschauer mit Hagelkörnern vermischt. Wie gut, daß ich Ölzeug anhabe, sonst wäre ich schon durchnäßt. Die Lippen schmecken salzig. Im Gesicht klebt Salz.
Eiderenten, Männchen und Weibchen, ziehen in Trupps von 10–15 Stück. Das schwarzweiße Gefieder der Männchen leuchtet besonders grell vor der schwarzen Regenwand. Das Festland sieht man kaum. Auf Südfall ist „Land unter", nur die beiden Häuser auf der Warft und der Wohnwagen des Vereins Jordsand sind zu erkennen. Pellworm liegt klar vor uns. Alle anderen Halligen bleiben hinter der stürmischen, regnerischen Wetterwand unsichtbar. Die Funkverbindung mit der Hallig Hooge ist klar, auch mit Norderoog besteht gute Verbindung. Der Vogelwart berichtet uns, daß der größte Teil der Insel unter Wasser ist, daß aber auf dem Hügel in der Nähe der Schutzhütten mehrere hundert Ringelgänse, viele Tauchenten und andere Vögel sitzen. Hoffentlich können wir ausgebootet werden.

Inzwischen sind wir westlich von Pellworm. Eine schwarze Wetterwand kommt uns entgegen. Das Wasser glitzert grün-grau. Die weißen Schaumköpfe spritzen 2–3 m hoch weit über das Schiff. Plötzlich gibt es keine Sicht mehr. Ein Hagelschauer geht auf uns nieder. Die vielen Hagelkörner beruhigen das Wasser ein wenig. Es sieht aus, als ob ein Schneetreiben über das Wasser fegt. Wir haben jetzt das „Rummelloch" erreicht und fahren nach Westen. Die Sonne strahlt. Das Unwetter liegt als schwarze Bank hinter uns. Und dann tauchen am Horizont zwei kleine dunkle Punkte auf, die Schutzhütten auf Norderoog.
Doch nach wenigen Minuten wird uns klar, daß bei diesem tobenden Wasser an Ausbooten nicht zu denken ist. Bis auf die kleine Warft am Ostende steht die Insel völlig unter Wasser. Nach kurzer Verhandlung geht es leider zurück. Ein heißer Rumgrog tut uns allen gut. Bei den letzten Schlucken haben wir schon wieder die seichte Stelle beim „Rummelloch" erreicht. Der Seenotrettungskreuzer setzt einige Male kurz auf; es stößt heftig. Das Wasser an Backbord und Steuerbord ist plötzlich mit Sand vermischt. Als wir wieder freie Fahrt haben, blicken wir zurück. Da liegt Norderoog, das wir nicht betreten konnten. Und über der Insel fliegen Tausende von Ringelgänsen. Es sind mehrere Schwärme, die je nach Sonnenbeleuchtung dunkel bis schwarz wirken oder den weißen Schwanz leuchten lassen. Durch das Fernglas erkennen wir, daß fast alle Tiere in der Luft sind. Vermutlich müssen sie auf das Festland, weil es bei dem Hochwasser auf der Insel kaum Platz für so viele Tiere gibt.
Der Rest der Rückfahrt verläuft ruhiger; wir gehen mit dem Wind. Die Brecher sind nicht mehr so stark. Außer einigen Eiderenten sehen wir keine Vögel mehr. Über Nordstrand steht ein wunderschöner doppelter Regenbogen. Der Hafen Strucklahnungshörn ist ziemlich unter Wasser. Wir legen aber glatt an und waten auf die trockene Straße. Alle schaukeln wir noch ein bißchen, obwohl wir inzwischen wieder festes Land unter den Füßen haben. Hoffentlich gelingt es mir, beim nächsten Besuch während der Brutzeit nach Norderoog zu kommen und die vielen verschiedenen Seeschwalben, die Silber-, Sturm- und Lachmöwen, die Austernfischer und andere Vögel sehen zu können.

Das Land

Das nördlichste Bundesland besitzt 83 Naturschutzgebiete mit einer Fläche von 10300 ha sowie 265 Landschaftsschutzgebiete (Fläche rund 347000 ha); hinzu kommen zwei weitere Naturschutzgebiete im Wattenmeer (Fläche 160700 ha).
Im Westen Schleswig-Holsteins sind der wenig gegliederten Nordseeküste das Wattenmeer (15–30 km breit), die Nordfriesischen Inseln (Geestkerne und Marschland) und die Halligen (unbedeichte Marschinseln) vorgelagert. Landeinwärts folgt auf die eingedeichte Marsch die waldarme, sandige, z.T. vermoorte Geest mit hohen Moränen und flachen Sandern. Besonders reizvoll ist das östliche Hügelland mit seinen Wäldern und Seen.

Die Hallig Norderoog

Einzige deutsche Nordseeinsel, die sich in Privatbesitz befindet (Eigentümer seit 1909 ist der Verein Jordsand). Brandung, Sturmfluten und Eisgang führten dazu, daß von dem ehemals (1909) 18 ha großen Eiland heute nur noch 8 ha verblieben sind. Die Hallig muß deshalb durch Uferschutzarbeiten fortwährend vor dem Untergang bewahrt werden.
Norderoog ist als international bekannter Vogelbrutplatz von besonderer Bedeutung im nordfriesischen Wattenmeer. Die Insel gilt als der einzige ständige Brutplatz der empfindlichen Brandseeschwalben in Nordfriesland und hat das dichteste Brutvorkommen des Austernfischers an unseren Küsten. Das Naturschutzgebiet dient zudem zahlreichen Vögeln (u.a. Ringelgänsen und Pfeifenten) als Rastplatz.

Die Pflanzenwelt:

Strand-Melde, Salz-Melde *(Halimione portulacoides);* 30–80 cm hohes Gänsefußgewächs; Blätter meist gegenständig, Stengel am Grunde verholzt.

Queller *(Salicornia europaea);* 10–30 cm hoher Stengel, oft armleuchterartig verzweigt, grün, verfärbt sich im Herbst rot; Primärbesiedler auf besonders salzhaltigem Boden.

Strandflieder, Widerstoß, Strandnelke, Statice *(Limonium vulgare);* 20–50 cm hoch, Stengel verzweigt; Blätter verkehrt-eiförmig; Blüten (Juli-September) blaulila in Doldenrispen.

Gemeine Grasnelke *(Armeria maritima);* 6–20 cm; grasartige Blätter; Blüten (Mai–September) in Köpfchen, rosa.

Salz-Aster, Strand-Aster *(Aster tripolium);* 15–60 cm hoch; Strahlenblüten lila (selten weiß), Röhrenblüten gelb (Juni–Oktober).

Binsen-Quecke *(Agropyron junceum);* 20–60 cm hohes Süßgras; ganze Pflanze blaugrün; Blüten (Juni–August) zweizeilige Ährchen, Hüllspelzen 9–11nervig, Ährchenachse sehr brüchig; Blattnerven dick, behaart.

Strandhafer *(Ammophila arenaria);* 60–110 cm hohes Süßgras; Blüten (Juni/Juli) in weiß-gelblichen, ährenförmigen Rispen, etwa 15 cm lang; Blätter graugrün, oft eingerollt (Verdunstungsschutz!); Pflanze eignet sich gut zur Dünenbefestigung.

Seite 21:
Die acht Hektar große Vogelhallig Norderoog westlich von Husum befindet sich seit 70 Jahren als einzige deutsche Nordsee-Insel in Privatbesitz. Dieses kleine Eiland unterliegt dem ständigen Eingriff des Meeres. Mit großem Einsatz versuchen freiwillige Helfer besonders die ungeschützte Westseite gegen Sturmfluten, Brandung und Eisgang durch Befestigungsarbeiten zu sichern.

Seite 22/23:
Links: Brandseeschwalben (Sterna sandvicensis) *sind die „Charaktervögel" auf Norderoog. Die Hallig ist ihr einziger ständiger Brutplatz in Nordfriesland.*

Rechts: Der Queller (Salicornia europaea) *gilt als Pionierpflanze auf dem stark salzhaltigen Boden. Er verträgt Wasserüberflutungen und fördert die Ablagerung von Sedimenten und Algen.*

Seite 24:
Tausenden von Ringelgänsen (Branta bernida) *dient die Hallig Norderoog oft als Rastplatz, wenn sie ihre hochnordischen Brutreviere im Spätsommer verlassen haben. In den Frühjahrsmonaten sammeln sie hier Nahrungsreserven für die Wanderungen und spätere Brutzeit.*

Die Tierwelt:

Ringelgans ((*Branta bernicla*); 55–61 cm; Kopf, Hals, Brust schwarz; kleiner, weißer Fleck an den Halsseiten; Bauch dunkelgraubraun oder hell; oberseits schwarzbraun; sehr gesellig, rascher Flug in Schwärmen; kehlige „rronk"-Rufe.

Pfeifente (*Anas penelope*); 46 cm; ♂ Kopf rotbraun, hellgelber Scheitel, weiße Schultern, Körper grau, Brust zart rötlich, Bauch weiß, Unterschwanzdecken schwarz; ♀ bräunlicher; Ruf ein „huihu" (♂ hohes Pfeifen, ♀ tiefes Schnurren).

Austernfischer (*Haematopus ostralegus*); 43 cm; langer, roter Schnabel; Kopf, Hals, Rücken schwarz, Bauch weiß, Beine kräftig rot; sehr ruffreudig („pik, pik, pik"; warnend „kliep, kliep").

Lachmöwe (*Larus ridibundus*); 38 cm; Schwanz und Beine rot, Vorderrand der spitzen Flügel weiß; Rücken grau; Ruf ein rauhes „Krrr-kwerr"; große Brutkolonien auf der Insel.

Flußseeschwalbe (*Sterna hirundo*); 35 cm; im Sommer orangeroter Schnabel mit schwarzer Spitze, im Winter schwarz mit roter Wurzel; Beine rot; sehr ruffreudig („krriäär, kirri").

Küstenseeschwalbe (*Sterna macrura*); 38 cm; im Sommer blutroter Schnabel (im Winter schwärzlich); kurzbeinig; Unterseite weiß; Stimme ähnlich voriger, aber weicher.

Brandseeschwalbe (*Sterna sandvicensis*); 40 cm; heller als die obengenannten langschwänzigen Seeschwalben; schwarzer Schnabel mit gelber Spitze; zottige, schwarze Hinterkopfhaube; laut lärmende Rufe („kirrik").

Zahl der Brutvögel auf der Insel (1978):

Lachmöwen	1700
Küstenseeschwalben	1200
Brandseeschwalben	1100
Flußseeschwalben	250
Austernfischer	250
Silbermöwen	80
Stockenten	50
Rotschenkel	30
Sturmmöwen	25
Wiesenpieper	10
Feldlerchen	10
Eiderenten	5
Brandgänse	ca. 2
Sandregenpfeifer	ca. 1

Inselbesuch:

Von April–September bei Ebbe von Hooge und bei Flut mit dem Schiff von Pellworm aus erreichbar. Die Führungen erfolgen durch den zuständigen Vogelwart.

Kartenmaterial:

Topographische Karte 1:25 000 Nr. 1417 Pellworm.

Bemerkungen:

Fernglas nicht vergessen!

Hamburg: Das Diekmoor

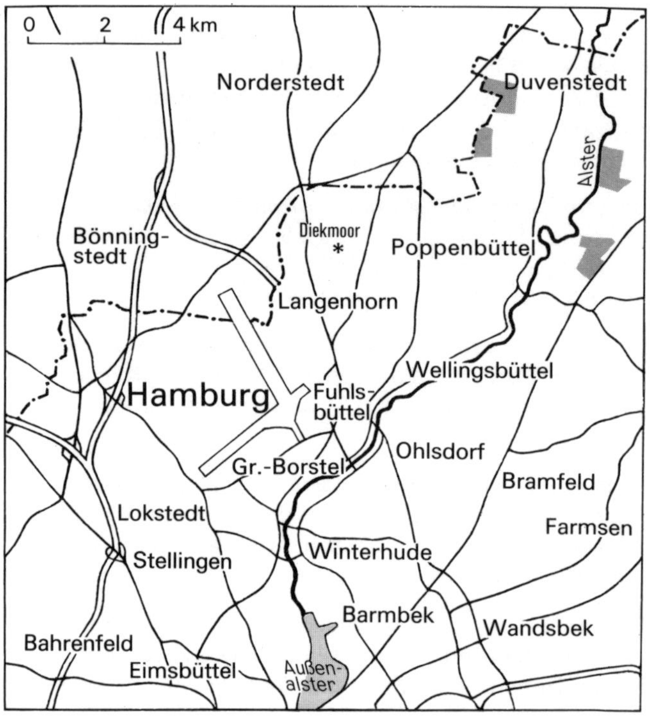

Hamburg – man denkt sogleich an den Hafen, an das Tor zur Welt, man denkt unwillkürlich an brausenden Verkehr, an elegante Geschäftsstraßen, an fast zwei Millionen Einwohner, an Hochhäuser und neue einförmige Siedlungen. Man denkt, je nach Erfahrung und Stimmung, auch an den Michel und an die Reeperbahn, an den Tierpark Hagenbeck und die Elbchaussee. Einige erinnern sich vielleicht auch daran, daß die Hamburger Oper 1978 300 Jahre alt geworden ist, daß Lessings und Klopstocks Name mit dieser Stadt verbunden sind, daß Brahms hier geboren wurde. Und noch weniger Menschen denken daran, daß im Osten Hamburgs – in den Vierlanden – seit Jahrhunderten Gemüse und Blumen für die Großstadt herangezogen werden und daß im Südwesten – im Alten Land – das größte zusammenhängende Obstanbaugebiet Deutschlands liegt. Wer aber weiß, daß in der Großstadt, daß zwischen den Häusermeeren noch einzelne Reste einer Urlandschaft zu finden sind? Kleine Moore sind es, die es noch im Norden und vereinzelt im Süden des Stadtgebietes gibt.

Wenn man nach der Entstehung dieser Moorgebiete fragt, muß man weit zurück in die Vergangenheit gehen. Die vorletzte und die letzte Eiszeit haben den Norden Hamburgs geformt. Von dem alten Endmoränenwall der vorletzten Eiszeit, die etwa vor 20000 Jahren unser Land mit Eis bedeckte, sind noch die Erhebungen von Blankenese und Bahrenfeld erhalten. Die letzte Eiszeit ist nicht ganz so weit nach Südwesten vorgedrungen. Aber beim Abschmelzen des Eises strömte viel Wasser durch die alten Moränen zum Urstromtal der Elbe. So entstand eine abwechslungsreiche Landschaft mit vielen verschiedenen Bodentypen.

Die Menschen haben sich frühzeitig auf den trockeneren Sandböden angesiedelt. In den

Tälern wuchs damals wahrscheinlich ein Erlenbruchwald, der langsam versumpfte. An einigen Stellen haben die Torfmoose die Bruchwälder zum Absterben gebracht. Das sind die Reste der ursprünglichen Landschaft, die als Naturschutzgebiet oder Naherholungsgebiet in Hamburg noch anzutreffen sind.

Nicht weit vom Flugplatz Fuhlsbüttel entstanden auf Viehweiden und Feldern vor etwa 15 Jahren neue Wohnviertel. Dort wohnen wir. Ich gehe von der Haustür einige Minuten; dann biege ich in einen befestigten Weg ein, an dem Schrebergärten liegen, passiere sie, und plötzlich liegt vor mir ein mit Moorbirken *(Betula pubescens)* und Ebereschen *(Sorbus aucuparia)* umstandenes Gebiet. Die buschförmigen Bäume sind so dicht, daß man kaum hindurchsehen kann. Ich weiß, wo es einen bequemen Eingang gibt und klettere über einen kleinen Graben; vor mir öffnet sich eine andere Welt. Das Gebiet, das ich hier überschauen kann, ist etwa 400 × 400 m groß. Einzelne niedrige Birken stehen auf der freien Fläche, und kleine, etwa 1 m hohe, dunkelgrün belaubte kugelige Büsche. Gagel *(Myrica gale)* heißen sie. Ein eigenartig würziger Geruch steigt auf, wenn ich durch die Sträucher gehe. Die bis 1,5 cm langen männlichen Kätzchen, die im Frühling so schön kupferig-braun leuchten, sind jetzt, im Sommer, längst abgefallen. Aber die weiblichen Kätzchen haben sich zu grünen Walzen mit unregelmäßiger Oberfläche geformt. Der Gagel ist zweihäusig, d.h., jeder Strauch hat nur eine der beiden Kätzchenarten.

Der Boden bleibt uneben. Ich steige über die dicken Grasbüschel des Pfeifengrases *(Molinia coerulea)*. Die Stengel reichen mir fast bis zur Hüfte. Aus diesen Grashalmen, die keine Knoten haben, wurden früher Pfeifenreiniger hergestellt. Nach ein paar Schritten wird es feucht, meine Schuhe machen ein „quatschendes" Geräusch. Ich stehe im Torfmoos. Schön sieht es aus, so saftig grün. Jede Moospflanze hat an der Spitze eine dichte Rosette von kleinen neuen Seitenzweigen. Wie alt dieses Moos wohl schon ist? Es hat ja keine Wurzeln, sondern wächst Jahr für Jahr an den Rosetten weiter und stirbt tief im Untergrund ab.

Hier befindet sich auch noch ein kleines Wasserloch. Das Wasser ist dunkelbraun. Am Rande blühen zart die weißen Dolden des Sumpf-Haarstranges *(Peucedanum palustre)* und darunter eine Pflanze des Sumpf-Blutauges *(Comarum palustre)*. Beide sind selten, und ich freue mich immer wieder, sie hier so dicht vor der Haustür zu finden.

Nach dem Rundblättrigen Sonnentau *(Drosera rotundifolia)* – einer unserer wenigen insektenfangenden Moor- und Sumpfgewächse – suche ich vergeblich. Im vorigen Jahr noch standen hier mehrere dieser Pflanzen. Vielleicht war es zu trocken in diesem Jahr.

Aber eigentlich bin ich hierher gekommen, um zu sehen, ob die Moorlilie, der Beinbrech *(Narthecium ossifragum)*, bereits blüht. Hier in dem kleinen Moorgebiet gibt es noch Hunderte dieser grazilen Liliengewächse. Wie kleine Irisblätter sieht das Grün aus. Daraus erhebt sich ein langer Blütenstengel mit mehreren Blüten. Schwefelgelb sind sie und haben sechs ziegelrote Staubgefäße. Da sind auch schon die ersten Blüten; sie duften so wunderbar nach Gewürznelken. Bald wird hier alles gelb getupft sein. Ich setze mich auf ein Pfeifengrasbüschel mitten zwischen Beinbrech und Gagelsträuchern. Einige Lungen-Enzianpflanzen *(Gentiana pneumonanthe)* wachsen in der Nähe. Sie haben bereits Knospen. Aber es wird noch einige Zeit dauern, bis ihre leuchtend blauen Glocken aufgeblüht sind.

Über mir fliegt eine große Lufthansa-Maschine, das Fahrgestell ist bereits ausgefahren. Mir wird wieder bewußt, daß der Hamburger Flugplatz ganz in der Nähe liegt. Nach dem Getöse wird es wieder still um mich, und ich höre die Geräusche des kleinen Moores. Feine leise Töne sind es; denn in so einem Stückchen freier Landschaft mitten in der Stadt können nur wenige Tiere leben. Vor mir brummt eine dicke Hummel. Einzelne Schwebfliegen scheinen still in der Luft zu stehen, bis sie schnell davonhuschen. Im Vogelbeerbaum sitzt ein Zilpzalp *(Phylloscopus collybita)*. Ich sehe ihn nicht, aber sein gleichförmiges „Zilp, Zalp, Zilp, Zalp" ist weithin hörbar. Und da fängt auch ein Fitislaubsänger *(Phylloscopus trochrilus)* zu singen an. Wie ein Buchfink beginnt er, und sein Gesang endet in einer melancholischen Abwärtskadenz. Eigentlich sind hier auch immer Kohl- und Blaumeisen zu sehen und zu hören; aber heute entdecke ich keine.

Langsam steige ich über die Pfeifengrashorste, freue mich, als ich noch ein paar Lungen-Enzianpflanzen entdecke und bin bald wieder auf der gepflasterten Straße, über die der Autoverkehr geht.

Ist es nicht schön, denke ich bei mir, daß dieses kleine Restmoor seit etwa 15 Jahren unter Naturschutz steht? So werden hoffentlich auch noch unsere Kinder und Enkel hier und an anderen Plätzen in der Stadt Hamburg ein Stückchen Natur erleben und sich daran freuen können.

Seite 29:
Der geschützten Erdkröte (Bufo bufo) *begegnet man nicht selten im Diekmoor.*

Seite 30:
Links: Traubiger Blütenstand des Beinbrech (Narthecium ossifragum). *Diese seltene atlantische Lilie wächst noch reichlich in diesem kleinen Moorgebiet im Norden Hamburgs.*

Rechts: Die glockenförmigen Blüten des Lungen-Enzians (Gentiana pneumonanthe) *zeigen sich von Juli – September; die Pflanze steht unter Naturschutz.*

Seite 31:
Das Torfmoos (Sphagnum spec.) *kommt mit mehreren Arten im Diekmoor vor.*

Seite 32:
Ein seltenes Rosengewächs im Diekmoor ist das Sumpf-Blutauge (Comarum palustre); *es blüht im Juni / Juli.*

Das Land

Rund 3% des Bundeslandes Hamburg (Fläche 753 km²) wurden bisher zum Naturschutzgebiet erklärt. Die überwiegende Zahl dieser 12 Gebiete (Größe 2425 ha) besteht aus Mooren, Weiden und Laubwäldern; hinzu kommt die Insel Scharhörn (Fläche 200 ha) vor der Elbmündung. Außerdem gibt es 70 Landschaftsschutzgebiete, deren Gesamtfläche 16830 ha beträgt.

Die Freie und Hansestadt Hamburg liegt im Stromspaltungsgebiet der Elbe mit den 8–12 km breiten Elbmarschen und auf den anschließenden Geestrücken mit der Alsterniederung.

Das Diekmoor

Ein entwässertes Hochmoor im Norden der Hansestadt innerhalb des Landschaftsschutzgebietes Langenhorn. Botanisch interessantes Gebiet.

Die Pflanzenwelt:

Torfmoose *(Sphagnum spec.)*; im Gebiet kommen mehrere Arten vor, ihre Größe und Färbung variiert, z. T. bilden sie schwammige Polster. Eine Bestimmung ist meist nur unter dem Mikroskop möglich.

Sumpf-Blutauge *(Comarum palustre)*; Pflanze bis 60 cm weit kriechend; Blätter 5– bis 7zählig gefiedert; Blüten (Juni/Juli) dunkelpurpurn.

Sumpf-Haarstrang *(Peucedanum palustre)*; 50 bis 150 cm hohes Doldengewächs; hohle Stengel kantig gefurcht; Blätter gefiedert; weißblühend (Juli/August).

Gagelstrauch *(Myrica gale)*; bis 1,50 m hohe, aromatisch duftende Pflanze, zweihäusig; mit lanzettlichen, etwas gesägten Blättern; aufrechte, ♂ Kätzchen bis 15 mm, ♀ bis 6 mm lang (April/Mai), erscheinen vor den Blättern.

Karpaten-Birke *(Betula carpatica)*; knorriger Stamm; oft strauchig wachsend; Rinde glänzend bräunlich bis rötlichschwarz; Blätter rautenförmig.

Moor-Birke *(Betula pubescens)*; bis 20 m hoch; Rinde glatt, gelblich- oder grauweiß; Blätter eiförmig; junge Blätter und Zweige weich behaart.

Lungen-Enzian *(Gentiana pneumonanthe)*; 10–40 cm hoch; je zwei gegenständige, linealische Blätter; dunkelblaue, glockenförmige Blüten (Juli–September) innen mit fünf grünen punktierten Streifen; recht selten geworden.

Beinbrech, Ährenlilie *(Narthecium ossifragum)*; 10–30 cm hoch; Blätter schwertförmig; Blütenstand traubig; langgestielte, innen gelbe, außen grünliche Blüten, Staubbeutel rot (Juni–August); selten geworden.

Pfeifengras *(Molinia coerulea)*; horstbildend; kurze Ausläufer, Stengel bis 1,50 m hoch; Blätter blaugrün; schmale, bis 30 cm lange Rispe (August/September) meist schieferblau.

Die Tierwelt:

Rote Knotenameise *(Myrmica rubra f. laevinodis)*; 4–5 mm groß, rötlichgelb; in Pfeifengraswiesen, bis 30 cm hohe Baue in Bülten.

Gemeiner Bläuling *(Lycaena argus)*; 2,8 cm, Flügelspannweite 3 cm; ♂ strahlend blau mit schwarzer Randbinde und weißen Fransen, ♀ dunkelbraun; fliegt Juni–August über feuchten Moorwiesen mit Heidekraut; Raupe grün, an Heiden und Schmetterlingsblütlern.

Perlmutterfalter *(Argynnis selene)*; Fühler mit scharf abgesetzter Keule; rotgelb mit dunklen Zeichnungen, Hinterflügel unterseits mit Silberflecken in der hellen Querbinde; fliegt Juni–September über blumenreichen Moorwiesen; Raupe dunkelbraun.

Erdkröte *(Bufo bufo)*; bis 13 cm groß (♀), ♂ kleiner; oberseits graubraun, unterseits heller; warzig; Kopf breit, abgerundet; Pupille waagerecht, Iris gelb- bis kupferrot; schwerfällige Bewegungen, standorttreu; lebt tagsüber meist versteckt unter Moos, Steinen und in Erdlöchern; Laichschnüre um Wasserpflanzen gewunden 3–5 m lang (über 6000 Eier).

Berg-, Wiesen-, Wald- oder Moor-Eidechse *(Lacerta vivipara);* bis 17 cm; oberseits graubraun, oft mit dunklem Seitenband sowie gelben und schwarzen Punktflecken; Unterseite rötlich (♂) bzw. gelblichweiß (♀); an Baumstrünken und Schlägen in feuchtem, sonnigem Gelände in Gewässernähe; scheu; lebendgebärend (Juli/August 3–10 Junge).

Fitislaubsänger *(Phylloscopus trochilus);* 11 cm, oberseits grünlichgelb, unterseits weißlich, Beine hellbraun; weniger rastlos als der Zilpzalp; ruft klagend „hüid“, Gesang mit schnellem Beginn und langgezogenem Ende; nistet am Boden.

Zilpzalp, Weidenlaubsänger *(Phylloscopus collybita);* 11 cm, oberseits olivbraun, unterseits weißlich mit gelbem Anflug; Beine schwärzlich; stetig unterwegs, häufig mit den Flügeln und dem Schwanz schlagend; ruft sanft „hüid“, singt gleichförmig „zilp, zalp, zilp, zalp …“; nistet meist dicht am Boden im Gestrüpp. Zilpzalp und Fitislaubsänger sind nur schwer voneinander zu unterscheiden.

Kartenmaterial:

Deutsche Grundkarte 1:5000 Langenhorn-Nord.

Bemerkungen:

Das Diekmoor liegt am Bornbach im nördlichen Hamburger Stadtteil Langenhorn, westlich wird es von einer Kleingartenkolonie begrenzt.

Bremen: Der Sodenstich und Brandt's Graben

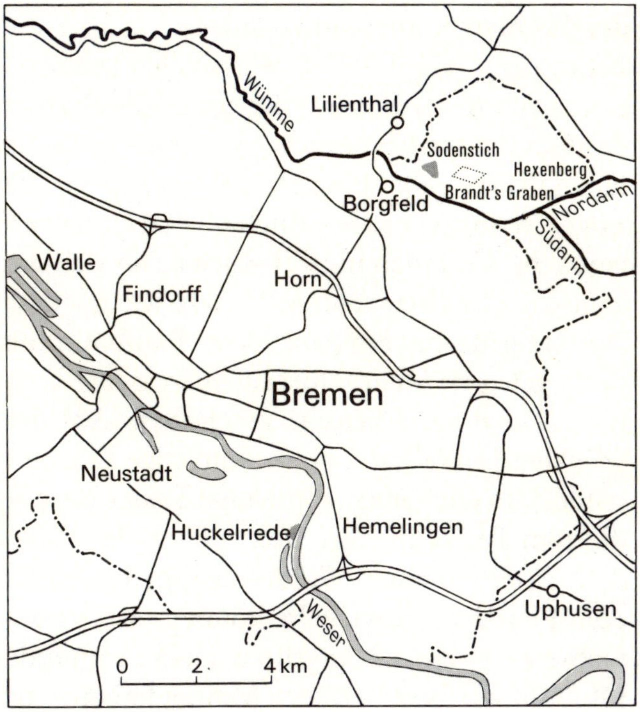

Ob es auch am Rande einer großen Hafenstadt noch natürliche Lebensräume für Pflanzen und Tiere gibt? Ein Ausflug in den Stadtstaat Bremen soll dies klären.

Mit einer Überraschung beginnt er: eine Übersichtskarte zeigt die grün markierten Landschaftsschutzgebiete Bremens. Die Stadt liegt im Urstromtal der Weser. Das Häusermeer ist umgeben von Weiden und Feldern, die noch in der Flußniederung liegen. Fast der ganze Bereich ist Landschaftsschutzgebiet und zieht sich wie ein grüner Kranz um die Stadt.

Wir fahren von der Stadtmitte durch den gepflegten Stadtteil Schwachhausen nach Nordosten in Richtung Bremen-Borgfeld. Auf dem Wege von Borgfeld zum Hexenberg (einer Sanddüne am Wümme-Nordarm) liegt auf der nordöstlichen Seite der Wümme das älteste Naturschutzgebiet Bremens, der Sodenstich, der schon vor 40 Jahren unter Schutz gestellt worden ist. Dort hatten die Borgfelder Bauern jedes Frühjahr Grassoden gestochen und Sand abgetragen, um Deiche und Wege nach den winterlichen Überschwemmungen sorgfältig auszubessern. Da der Grundwasserspiegel in diesem Gebiet recht hoch ist, entstand auf dem sandigen und zum Teil moorigen Gelände eine eigene Pflanzengesellschaft aus Birken, Erlen und Gagelsträuchern mit Besen- und Glockenheide. Dazwischen wuchsen Lungen-Enzian *(Gentiana pneumonanthe)* und Sumpf-Herzblatt *(Parnassia palustris)* neben verschiedenen Orchideen.

Langsam fahren wir auf das Naturschutzgebiet Sodenstich zu. Etwas enttäuscht sehen wir in einen jungen dichten Wald aus Zitterpappeln, Birken, Erlen, Eichen und Faulbäumen *(Rhamnus frangula)*. Es ist kaum Unterholz zu erkennen, und freie Heideflächen gibt es nicht mehr. Obwohl die umliegenden Weideflächen sich in den letzten Jahrzehnten kaum verändert haben, ergriff der Wald von dem geschützten Gebiet Besitz und zerstörte die einmalige Pflanzengesellschaft, die es hier einst gab. Auch Naturschutzgebiete kann man nicht sich selbst überlassen. Hier hätten die Bäume kurz gehalten werden müssen, um den alten Zustand zu erhalten. Aber das kostet Zeit und Geld.

Wir dringen auf einem schmalen Trampelpfad in das Innere des Dickichts ein. Ein Fachmann der Bremer Naturschutzbehörde hat hier eine Lichtung geschaffen. Sie entstand erst zu Beginn des Jahres 1978. Wir wollen sehen, ob sich auf dieser freien Fläche schon wieder etwas von der früheren Pflanzengesellschaft ansiedeln konnte. Heide finden wir nicht, aber der Gamander-Ehrenpreis *(Veronica chamaedrys)* blüht, die Blutwurz *(Potentilla erecta)*, das hübsche gelbe Fingerkraut mit nur vier Blütenblättern steht daneben, und dazwischen zartes Wohlriechendes Ruchgras *(Anthoxanthum odoratum)*. Hier wurde nun ein Anfang gemacht. Und man muß abwarten, ob sich durch die Pflege des Schutzgebietes im Laufe der Zeit die alte Pflanzengesellschaft wieder zusammenfindet.

Wir steigen über ein paar ältere Faulbaumbüsche durch Erlen und gelangen an eine etwas tiefer gelegene Stelle. Dort ist eine weitere Lichtung freigelegt, und die Humusschicht wurde bis auf den Sand beiseite geschoben. Auf den ersten Blick liegt eine sandige, mit torfigen Stücken durchsetzte, graue eintönige Fläche vor uns. Aber schon beim näheren Hinsehen entdecken wir viele pfeilförmige Triebe des Gemeinen Gilbweiderich *(Lysimachia vulgaris)*, die zum Teil schon ihre weidenähnlichen Blätter entfaltet haben. Dies ist ein neuer Beginn, denn in dem dichten Waldgestrüpp, das früher hier stand, hätten sich nicht so viele *Lysimachia*-Pflanzen entwickeln können. Und dort im Schatten an der Kante des freigelegten Gebietes ist ein saftig grüner Fleck; es handelt sich um Sumpf-Veilchen *(Viola palustris)*. Obwohl wir einen schönen Maitag haben, sind viele der grünen Blätter noch nicht ganz entfaltet; aber dazwischen ist sogar schon eine der blaß-lila, zart violett geäderten Blüten zu erkennen. Wir alle freuen uns, daß in der kurzen Zeit von einigen Monaten schon zwei Pflanzen des alten Biotops wieder aufgetaucht sind. Ich denke: Schade, daß ich nicht regelmäßig hierherkommen kann, um zu beobachten, wie durch den sinnvollen Eingriff des

Seite 37:
Von der Bremer Naturschutz-Gesellschaft wurde 1974 ein etwa acht Hektar großes Gelände inmitten der Wümmeniederung aufgekauft: Der Brandt's Graben. Dieses interessante Projekt gilt als Modell zur Erhaltung und Neuschaffung von Blänken und der Röhrichtpflanzengesellschaften.

Seite 38/39:
Das neugeschaffene Gebiet Brandt's Graben wurde für mehrere in Deutschland selten gewordene Vogelarten zum Lebensraum. In ihm kann man u. a. auch verschiedene Watvögel, wie die Uferschnepfe (Limosa limosa; *oben*), *balzende Kampfläufer* (Philomachus pugnax; *unten*) *oder den Rotschenkel* (Tringa totanus; *nebenstehende Seite*) *beobachten.*

Seite 40:
Das Sumpf-Veilchen (Viola palustris) *blüht im Juni/Juli in Flach- und Hochmooren.*

Menschen dieses kleine Naturschutzgebiet erneut seinen alten Charakter erhält. Doch sicher wird es die Bremer Naturschutzbehörde bestärken, diese Entwicklung weiter zu verfolgen.
Aber noch ein weiteres Experiment der einfallsreichen Naturschützer ist bemerkenswert; es wird in der Nähe des Sodenstichs durchgeführt. Wir fahren auf einem asphaltierten Weideweg einige hundert Meter nach Südosten. Auf der einen Seite des Weges liegt ein Roggenfeld. Die Halme sind schon handhoch. Über diesen steigen Feldlerchen *(Alauda arvensis)* in den klaren blauen Maihimmel und singen. Zwischen den Halmen laufen einige Kiebitze *(Vanellus vanellus)*. Ihre lustigen Federhauben ragen über den Roggen hinaus. Als wir näher kommen, fliegen sie auf. Sie führen uns regelrechte Kapriolen vor und zeigen ihre breiten, sehr runden, schwarzweißen Flügel.
Hinter dem Acker liegen Viehweiden. Sie erstrecken sich weit bis an die Geesthügel um Worpswede im Osten. Wir steigen aus. Es riecht nach frischem Gras. Die Weiden sind saftig grün. Sonnengelber Löwenzahn *(Taraxacum officinale)* blüht im Gras, und das Wiesen-Schaumkraut *(Cardamine pratensis)* bringt zartrosa Flecken in das Grün. Von der befestigten Straße geht ein kleiner Stichweg über einen Graben in die Wiesen. Die Schritte federn auf dem feuchten Grasboden. An beiden Seiten des Weges sind in unregelmäßigen Abständen Pflanzlöcher für Weiden und Erlen freigelegt. Die Büsche sollen später den Menschen Sichtschutz geben, wenn sie hier Vögel beobachten wollen. Wie wichtig das ist, merken wir sehr schnell. Schon nach wenigen Schritten ertönen laute Schreckrufe. Dicht über uns fliegen einige Uferschnepfen *(Limosa limosa)*. Wir können deutlich ihre langen, fast geraden Schnäbel und ihr schwarzweißes Gefieder erkennen.
Auf einem Pfahl in unserer Nähe steht ein Rotschenkel *(Tringa totanus)* mit seinen langen orangeroten Beinen und schimpft mit lautem „Djüü-djü-djü". Hoch über uns fliegt in eigenartigem Zickzackflug ein anderer Schnepfenvogel. Plötzlich läßt er sich fallen, und wir hören das laute „Meckern" (es klingt wie ein schnell gesprochenes „Dudududududu"), das durch Vibration seiner weitgespreizten äußeren Schwanzfedern entsteht. Nun wissen wir, es ist eine Bekassine *(Gallinago gallinago)*, volkstümlich auch Himmelsziege genannt. Wir sind am Ende des kleinen Weges angelangt und steigen über einen Drahtzaun auf eine feuchte Wiese. Das Gebiet heißt Brandt's Graben. Hier wurde im letzten Herbst ein kleiner langgestreckter Teich in einer vielgebuchteten Form ausgehoben, so daß der Uferstreifen möglichst lang ist. In der Mitte liegt eine kleine Insel. Der Teich ist etwa 50 m lang und an der breitesten Stelle 30 m breit; die Sandinsel hat höchstens 15 m Länge. Während wir das Wasser mit seinen noch fast kahlen Ufern betrachten, fliegen mehrere Uferschnepfen und Rotschenkel auf; sie fühlen sich gestört. Wir aber starren fassungslos auf die Sandinsel, von der wir nur etwa 60 m entfernt sind. Dort trippeln vier Vögel mit dicken Halskrausen aufeinander zu: Kampfläufer *(Philomachus pugnax)*. Zwei der Vögel haben rotbraune große Krausen, ein anderer hat eine dunkelbraune Krause, und die Halsfedern des vierten sind grauschwarz ge-

sprenkelt. Wir bleiben wie angewurzelt stehen und wagen kaum zu atmen. Vorsichtig nehmen wir die Ferngläser vor die Augen. Vier Kampfläufer haben sich an diesem neuen Teich eingefunden, so nahe bei der Großstadt! Nach kurzer Zeit werden die Vögel unruhig und streichen ab. Wir blicken immer noch auf die Insel und staunen. Da bewegt sich etwas am jenseitigen Ufer auf dem grauen Aushub. Dort sitzt ein Austernfischer *(Haematopus ostralegus)*. Sein großer schwarzweißer Körper und der kräftige rote Schnabel sind deutlich zu erkennen. Aber auch er fühlt sich gestört und verschwindet in den feuchten Wiesen.
Wir aber gehen langsam zurück zum Wagen und freuen uns, daß dieses neugeschaffene Gebiet schon so schnell von vielen in Deutschland selten gewordenen Vögeln angenommen worden ist. Damit ist der Landschaftsschutz in Bremen ein großes Stück vorangekommen.

Das Land

Die Gesamtfläche des kleinsten Bundeslandes der Bundesrepublik Deutschland beträgt 404 km^2; rund $^1/_3$ davon (132,8 km^2) sind Landschaftsschutzgebiet; die 25 Teilgebiete erschließen stadtnahe Erholungsräume und dienen dem Schutz der weiten Marsch- und Niederungslandschaften. Daneben hat das Land drei Naturschutzgebiete: die jeweils etwa 1 ha großen Vogelschutzgebiete im Deichvorland am linken Weserufer bei Arsten-Habenhausen und im westlichen Ortsteil Huchting (Sodenmatt) – sie stellen mittlerweile auch botanisch interessante Gebiete dar – sowie in der Feldmark Borgfeld, den Sodenstich.

Der Sodenstich

Ein früheres Heidegebiet am Rande des Wümmetales, das sich zu einem Eichen-Birkenwald mit Erlen zurückbildete; Größe 3,86 ha. Steht seit 1939 unter Naturschutz. Botanisch (floristisch und pflanzensoziologisch) interessantes Gebiet.

Die Pflanzenwelt:

Blutwurz, Aufrechtes Fingerkraut *(Potentilla erecta);* 30–70 cm hoch; beiderseits grüne, tiefgesägte Grundblätter an 5–20 cm langen Stielen; Mai–Juli gelbblühend; vereinzelt auf freien Flächen.

Englischer Ginster *(Genista anglica);* Blätter blaugrün, Zweige dornig, Mai/Juni goldgelbe Blüten.

Sumpf-Veilchen *(Viola palustris);* Blätter rosettig zu 2–6; Blütenstiel etwa in der Mitte mit zwei Vorblättern; bis 1,5 cm große Blüten rötlichlila bis weiß (Juni/Juli); in moorigen Gebieten.

Zwergflachs *(Radiola linoides);* bis 10 cm hoch; Blütenstände reich verzweigt, Blüten (Juli/August) weiß; feuchtigkeitsliebend.

Gagel *(Myrica gale);* bis über 1 m hoher Strauch; Blätter aromatisch riechend; Blüten in Ähren (April/Mai); vorwiegend im Nordteil des Gebietes.

Lorbeer-Weide *(Salix pentandra);* Strauch mit feingesägten Blättern, oben glänzend dunkelgrün, untere hellgrün; hängende Kätzchen ca. 5 cm lang; Blüten mit 5 oder mehr Staubblättern (Mai/Juni); an feuchten Standorten.

Grau-Weide *(Salix cinerea)*; bis 5 m hoher Strauch; graugrüne Blätter meist verkehrt-eiförmig, am Rande leicht umgebogen, fein gesägt; winzig kleine Nebenblätter; wohlriechende Kätzchen bis 8 cm lang, dichtblütig (April/Mai); an Ufern, in der Nähe von Gebüschen.

Ohren-Weide *(Salix aurita);* bis 3 m hoher Strauch mit dünnen, kahlen Zweigen; Blätter rundlich-eiförmig, runzelig, am Rande wellig, unregelmäßig gezähnt; große Nebenblätter; Kätzchen bis 2 cm lang, dichtblütig (April/Mai); an Waldrändern, Mooren, Ufern.

Kriech-Weide *(Salix repens)*; 15–100 cm hoher Zwergstrauch mit niederliegenden, bogig aufsteigenden rotbraunen, dünnen und kahlen Ästen; ganzrandige, unterseits seidenhaarige Blätter lanzettlich; kugelige Kätzchen bis 1,5 cm lang, oft kurz vor den Blättern erscheinend; gestielter Fruchtknoten seidig behaart (April/Mai); an feuchten Orten.

Quirlige Knorpelblume *(Illecebrum verticillatum);* bis 25 cm hoch; niederliegende Stengel; Blätter bis 5 cm lang, verkehrt-eiförmig; große Nebenblätter; Blüten blattachselständig, schneeweiß (Juli–September); an feuchten Wegen, auf Sandböden.

Besenheide *(Calluna vulgaris);* blüht August–Oktober hellrosa-violett; dachziegelartige, immergrüne Blätter; besonders zahlreich in der Sandgrube im Westteil des Gebietes.

Glocken-Heide *(Erica tetralix);* aufrechter, behaarter Stengel; Blüten fleischrot, krugförmig (Juli/August); nadelförmige Blätter, drüsig bewimpert.

Gemeiner Gilbweiderich *(Lysimachia vulgaris);* 50–150 cm hohes Primelgewächs; Stengel kurz behaart; Blätter ei-lanzettlich, bis 14 cm lang; zwischen Erlen, Birken und Zitterpappeln.

Gamander-Ehrenpreis *(Veronica chamaedrys);* bis 30 cm hohes Braunwurzgewächs; Blätter gegenständig; blüht Mai/Juni himmelblau (seltener rosa oder weißlich), dunkel geadert; vor allem an der Ostseite des Gebietes.

Kleiner Baldrian *(Valeriana dioica);* bis 40 cm hoch; Stengelblätter gefiedert mit großer Endfieder, Grundblätter eiförmig gestielt; Blüten rötlich (♂) bis weiß (♀) in schirmförmigen Trugdolden (Mai/Juni); in Mooren, auf nassen Wiesen.

Rasen-Binse *(Juncus bulbosus);* bis 30 cm hoch; Blätter borstlich, zum Stengel zu rötlich, mit 2–10blütigen Köpfchen; zahlreich im nördlichen Gebietsteil.

Wasser-Schwaden *(Glyceria maxima);* 90–200 cm hoch; Stengel aufrecht; dichte, reichblütige Rispe (Juli–August); im feuchten Südteil.

Pfeifengras *(Molinia coerulea)*; horstbildende, bis 1,50 m hohe Pflanze; rauhe, blaugrüne Blätter; schmale, schieferblaue, seltener grüne Rispe; besonders in der Sandgrube im Westen und im nördlichen Abschnitt des Gebietes.

Brandt's Graben

Feuchtbiotop inmitten der Wümmeniederung. Liegt im gleichen Landschaftsschutzgebiet wie der Sodenstich, südöstlich von diesem; Größe 8 ha. Grundstück wurde 1974 von der Bremer Naturschutz-Gesellschaft gekauft; Projekt gilt als Modell zur Erhaltung und Neuschaffung von Blänken und der Röhrichtpflanzengesellschaften.

Die Pflanzenwelt:

Weiße Seerose *(Nymphaea alba);* Blattstiele bis 3 m lang; Blätter rundlich; bis 12 cm breite, weiße Blüten mit 11–22 gelben Narbenstrahlen (Juni–September).

Gelbe Teichrose *(Nuphar lutea);* Blattstiele bis 3 m lang; Blätter breit-eiförmig; bis 4 cm breite gelbe Blüten, Narbenscheibe in der Mitte trichterförmig vertieft (Juni–September).

Mäuseschwänzchen *(Myosurus minimus);* bis 12 cm hoch; Blätter grundständig, schmal-linealisch; grünliche Blütenhüllblätter, spatelartige Honigblätter; zahlreiche Fruchtknoten an langer mäuseschwanzähnlicher Achse; an feuchten, sandigen, lehmigen Standorten.

Sumpf-Blutauge *(Comarum palustre)*; Pflanze kriechend, Blätter gefiedert, Blüten (Juni/Juli) dunkelpurpurn; auf den Feuchtwiesen am Brookholt.

Gemeiner Tannenwedel *(Hippuris vulgaris);* quirlständige Blätter; kleine, grünliche Blüten (Mai–August); in Gräben.

Wasserschierling *(Cicuta virosa);* bis 1,20 m hoch; dicke Stengelbasis durch Querwände gekammert; sehr große, 2–3fach gefiederte Blätter; Fiedern gezähnt; reichblütige Dolde, weiß (Juni–August); sehr giftig.

Seekanne *(Nymphoides peltata);* Schwimmblätter rundlich-herzförmig; Blüten (Juli–September) gelb, innen bärtig, lang gestielt; innerhalb der Wasserpflanzengesellschaft, u. a. im Hauptgraben.

Gemeiner Wasserschlauch *(Utricularia vulgaris);* Pflanze freischwimmend; goldgelbe Blüten (Juni–August) über dem Wasser; Blätter in zahlreiche haarförmige Abschnitte zerteilt, daran 1–3 mm große Schläuche zum Planktonfang; in den Grenzgräben des Gebietes.

Schwanenblume *(Butomus umbellatus);* dreikantige, linealische Blätter bis 1 m lang; doldenartiger Blütenstand, Blüten rötlichweiß, dunkler geadert (Juni–August); in Tümpeln.

Krauses Laichkraut *(Potamogeton crispus);* Blätter länglich, wellig-kraus, untergetaucht; Früchte geschnäbelt, am Grunde miteinander verwachsen; in Gräben.

Kleines Laichkraut *(Potamogeton pusillus);* bis 70 cm hoch, untergetaucht; dünne Stengel; Blätter schmal-linealisch, 3nervig; Ähre 6 mm lang, Stiel fadenförmig; Früchte elliptisch; in den Gräben und Tümpeln.

Gelbrotes Fuchsschwanzgras *(Alopecurus aequalis);* bis 40 cm hoch; Blätter blaugrün, bläulich bereift; Staubbeutel weißlich, später ziegelrot; an den Ufern der Gräben.

Die Tierwelt:

Löffelente *(Anas clypeata);* 51 cm; Schnabel breit, löffelförmig; ♂ Kopf grün, Flügeldecken hellblau, Brust weiß, Flanken dunkelbraun, ♀ braun mit blauen Schultern; Flug schwerfällig, ruft hierbei „chat, chat"; in sumpfigem Gelände und auf verkrauteten Gewässern, nistet in Mooren, feuchten Wiesen.

Rohrweihe *(Circus aeruginosus);* 48–56 cm; Gefieder meist dunkelbraun; ♂ mit großen blaugrauen Flügelflecken und fast gleichfarbenem Schwanz; ♀ Scheitel, Kehle und Schultern hell; gaukelnder Flug; ruft „quieäh"; im Rohrdickicht.

Wasserralle *(Rallus aquaticus);* 28 cm; langer, roter Schnabel, Gefieder oberseits dunkelbraun mit schwarzen Streifen; Gesicht, Kehle, Brust schiefergrau; Flanken schwarz-weiß quergebändert; ruft „gip, gip, gip"; an Gewässern mit dichter Ufervegetation und auf Sandbänken, nistet im Schilf.

Wachtelkönig, Wiesenralle *(Crex crex);* 27 cm; oberseits rostbraun mit dunklen Längsstreifen, unterseits gelbbraun; kurzer Schnabel und Füße gelblich; ruft monoton knarrend „rärrrp, rärrrp"; lebt und nistet sehr versteckt in den hochgrasigen Uferwiesen.

Rotschenkel *(Tringa totanus);* 28 cm; Beine rot; dunkle Flügel mit weißem Hinterrand; Bürzel und Unterrücken weiß; Stimme „djüü, djü, djü"; feuchte Sumpfwiesen und Weideland, nistet in Grasbüscheln.

Kampfläufer *(Philomachus pugnax);* ♂ 29 cm, auffallend die große, spreizbare Halskrause und Ohrbüschel; ♀ 23 cm, oberseits bräunlich geschuppt; während der Balz ein tiefes Kollern; Wiesenland.

Uferschnepfe *(Limosa limosa);* 41 cm; im Sommer rotbraun, Bauch weiß; im Winter grau, Schnabel und Beine sehr lang; großes, schwarzes Band im weißen Schwanz; breite, weiße Flügelbinde; Ruf während des Fluges „gritta"; nasses Wiesen- und Weideland.

Bekassine, Sumpfschnepfe *(Gallinago gallinago);* 27 cm; Schnabel lang, im Flug abwärts gerichtet; Rükken schwarz und rotbraun mit kräftigen gelben Streifen; charakteristischer Zickzackflug mit rätschenden Rufen beim Auffliegen; die äußeren Steuerfedern erzeugen beim Balzflug das „Meckern"; auf feuchten Wiesen, Nest in Seggen und Binsen.

Teichrohrsänger *(Acrocephalus scirpaceus);* 13 cm; Gefieder oberseits braun, unterseits bräunlich-weiß; undeutlicher, weißlicher Augenring; rauhe „Scharrr, scharrr"-Rufe, sein Gesang ist ein „Jäck, jäck, jäck"; in den Uferregionen; napfförmiges Hängenest zwischen Rohrhalmen.

Schilfrohrsänger *(Acrocephalus schoenobaenus);* 13 cm; Rücken dunkel gestreift, Überaugenstreif rahmfarben, Bürzel rostbraun; ruft rauh „teck", melodischer Gesang mit langgezogenen Trillertönen; im Röhricht, nistet dicht über dem Boden auf Seggen.

Kartenmaterial:

Topographische Karte 1:25 000 Nr. 2819 Lilienthal.

Niedersachsen: Naturschutzpark Lüneburger Heide

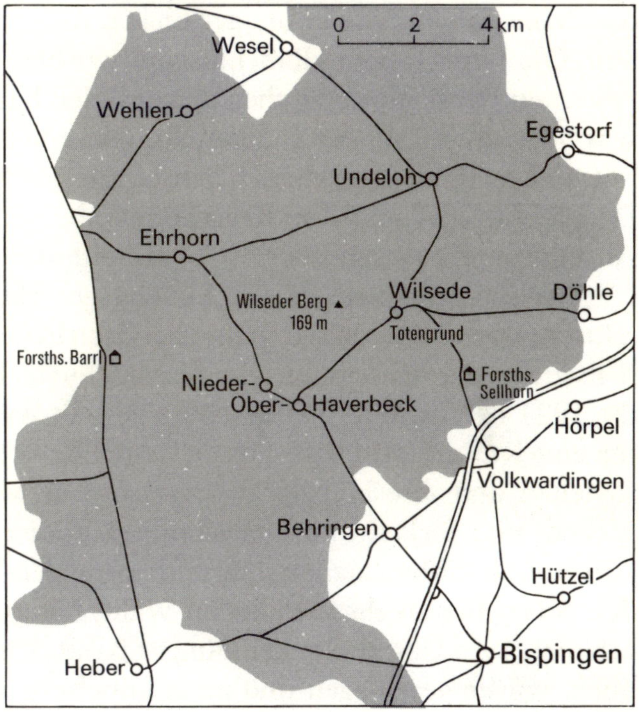

Dick eingehüllt in Wolldecken sitzen wir in einem Kutschwagen, der von zwei strubbeligen, fahlgelben Norwegern gezogen wird und fahren an einem Vorfrühlingsmorgen langsam durch sanften Nieselregen von Nieder-Haverbeck aus in Richtung Wilsede. Es riecht angenehm warm nach Pferden.

Wir kamen auf der Autobahn Hannover – Hamburg, bogen bei der Abfahrt Bispingen nach Westen ab und fuhren über Behringen schon eine Weile durch das Naturschutzgebiet Lüneburger Heide bis zum Dorf Nieder-Haverbeck. Dort erwartete uns der weißhaarige Kutscher mit seinem Gespann.

Der Kutschwagen rüttelt über eine alte Pflasterstraße und rollt dann sanft über den Sandweg, der neben dem Kopfsteinpflaster liegt. Links und rechts wellt sich das Gelände. Braune Heideflächen und einzelne Wacholderbüsche *(Juniperus communis)* sind zu sehen. Der Himmel klärt sich etwas auf. Zwischen den weißen Wolkenhaufen hängt die schmale Mondsichel auf blauen Himmelsflecken.

In der Ferne sehen wir die ersten Heidschnucken. Ihr weißgraues Fell hängt durchnäßt von dem morgendlichen Regen lang herab. Ihre schwarzen Köpfe mit den schön geschwungenen Hörnern, die auch die Weibchen haben, sind gesenkt. Sie knabbern friedlich am Heidekraut und an den kleinen Birkensämlingen.

An der Straße stehen alte Vogelbeerbäume *(Sorbus aucuparia)*. Die Stämme sind silbrig-grau mit Flechten bewachsen. Gegen den Himmel sieht man im Geäst die Reste der vorjährigen Fruchtbüschel und dicke Blätterknospen. Einzelne Vogelbeerbäume haben sich auch im Schutze des Wacholders entwickelt. Hier sind sie durch dessen stachelige Nadeln vor dem Verbiß durch Heidschnucken geschützt.

Der Wagen rollt jetzt ruhig. Die Pferdehufe klappern laut. Die Straße ist asphaltiert und führt durch einen gleichförmigen Fichtenwald. Obwohl die Fahrt nun bequemer ist, habe ich das Gefühl, daß dieses Asphaltband nicht hierher gehört. Die Fichten versperren den Blick, doch es riecht angenehm und frisch nach Nadelwald und Moos.
Wir durchqueren den Wald. Hinter leuchtend grünen Winterkornfeldern erkennen wir durch die kahlen Äste knorriger Eichen die ersten Häuser von Wilsede. Unser Wagen rollt am „Ole Huus", dem Heidemuseum, vorbei. Was ist das für ein schönes Fachwerkhaus! Die roten Backsteine zwischen den dunklen Balken unter dem braunen Reetdach geben ein warmes Gefühl. Auf der anderen Straßenseite steht der „Emhoff". An ihm ist das Fachwerk mit dicken Bohlen verkleidet. Ich erfahre, daß dieses große alte Haus auf Initiative von Dr. h.c. Alfred Toepfer im Kreis Soltau abgerissen und 1964 hier wieder aufgebaut wurde. Alfred Toepfer ist seit über 50 Jahren ein aktiver Förderer und ein eifriger Verfechter des Naturschutzgedankens in der Lüneburger Heide. An anderen niedersächsischen Bauernhäusern vorbei fahren wir zum „Landrat-Ecker-Haus", in dem wir übernachten wollen.
Wilsede ist der Mittelpunkt des Naturschutzgebietes Lüneburger Heide. Bei dieser Gegend, die 1921 bereits unter Naturschutz gestellt wurde, handelt es sich um keine Ur-, sondern um eine Kulturlandschaft. Für die ersten Bewohner, die hier schon während der Bronzezeit siedelten und ihre Hügelgräber errichteten, war der Wald ein Feind. Sie fanden lichten Eichen- und Birkenwald, auf lehmigen Böden auch Buchenwald vor. Auf den Böden, die sich zum Ackerbau eigneten, brannten sie den Wald nieder. Sie besaßen jedoch keine Weiden. So trieben sie ihr Vieh in den Wald. Langsam wurden die Waldgebiete von Grund auf zerstört; kein Unterholz, kein junger Baum kam mehr hoch. Was an Bäumen noch übrigblieb, wurde geschlagen und nach Lüneburg als Brennholz zum Salzsieden verkauft.
Mit dem Verschwinden des Waldes breitete sich eine Pflanze aus, die keinen Schatten verträgt, die Heide. Es entstand eine Zwergstrauchsteppe. Für eine Tierart aber war die Heide eine Hauptnahrungsquelle, für die Heidschnucken. Sie knabbern das Heidekraut ständig ab, das dadurch kräftiger nachwächst und reicher blüht. Und noch eine radikale Kur erneuerte die Heide immer wieder. Die Bauern schlugen etwa alle 20 Jahre das dichte Polster von Humus, das sich unter dem Heidekraut gebildet hatte, mit einer großen Hacke streifenweise ab. Diese Wurzelballen, die Plaggen, nahmen sie als Streu für ihr Vieh und düngten später ihre Felder damit. Auf den abgeplaggten Flächen konnte der Heidesamen besonders gut aufgehen.
So entstanden für unsere Vorfahren neue Wirtschaftsformen. Bauern, Schäfer und Imker arbeiteten zusammen und waren aufeinander angewiesen. Die Bienen lieferten Wachs für Kerzen und Honig. Für die Imker waren die Heidschnucken wichtig; denn die Schafe zerrissen die Spinngewebe, die den Bienen gefährlich werden konnten. Die Bienen befruchteten die Heideblüte, und neues Futter für die Schafe konnte wachsen.

Aber auch Brennholz brauchten die Menschen. Und da gibt es eine Besonderheit der Bewirtschaftung, die um Wilsede noch heute zu sehen ist. Es sind Bäume, die in mehreren Stämmen aus einem Wurzelballen emporgewachsen sind. Diese Baumgruppen wurden etwa alle 15 Jahre über der Wurzel als Brennholz geschlagen. Neue Stockausschläge wuchsen aus den alten Wurzeln; nur mußten die jungen Triebe vor dem Schafverbiß gehütet werden.
Diese heranwachsenden Stockausschläge ergeben besonders charakteristische Baumgruppen. Sie heißen Stühbusch oder Kratt. Und diese Kratteichen und Krattbuchen in der Nähe von Wilsede wollen wir besuchen.
So wandern wir vom „Landrat-Ecker-Haus" durch die Wiesenniederung unter alten Eichen. Ein kleiner Fußweg führt uns hügelauf durch das junge Winterkorn. Auf dem Hügel steht ein großer Schafstall mit einem tief heruntergezogenen Reetdach, umgeben von einem Holzgatter. Vor dem Eingangstor ist die Erde von unzähligen kleinen Hufen zertreten, die deutliche Spuren in dem feuchten Boden hinterlassen haben.
Kurz hinter dem Schafstall entdecken wir die ersten Stühbüsche. Buchen sind es, die oval um den alten Baumstumpf wie ein riesiger Strauß in den grauen Märzhimmel ragen. Wir gehen an einigen Eichen- und Wacholdergruppen vorbei und stehen am Rande des „Totengrundes". 40 m tief ist dieses große schüsselförmige Tal, das wahrscheinlich schon in der Eiszeit entstand. Wir erfreuen uns an dem Mosaik von Heide und Grasflächen, aus dem besonders schöne Wacholderbestände herausragen. Es ist ganz still. Wir hören nur einzelne Tropfen auf die trockenen Blätter der Eiche hinter uns fallen.
Plötzlich ertönt ein scharfes „Gipp, gipp, gipp". In einem hohen Wacholder in unserer Nähe landen zwei Vögel. Wie kleine Papageien klettern sie auf der Spitze des Busches herum. Durch das Fernglas sehe ich, daß es ein Fichtenkreuzschnabelpärchen *(Loxia curvirostra)* ist. Der Kopf und besonders der Bürzel des Männchens leuchten brennend rot aus dem Grün des Wacholders. Ich kann auch die dunklen Flügel erkennen. Das Weibchen ist mehr olivgrün. Jetzt sitzen beide so, daß wir an ihren verhältnismäßig großen Köpfen den gekreuzten Ober- und Unterschnabel deutlich erkennen können. Nach einer Weile fliegen sie in raschem wellenförmigem Flug davon.
Ich steige über die niedrige hölzerne Wegeinfassung und klettere ein Stück in die Tiefe. Ein neuer Vogelruf erklingt. Eine Goldammer *(Emberiza citrinella)* singt ihr schnelles Lied. Sie sitzt auf einer halbhohen Eiche, die sich im Schutze eines Wacholderbusches entwickelt hat. Bis zur halben Höhe ist dieser ziemlich kahl. Stränge aus Wacholderholz drehen sich wie Sehnen, ehe sie zwischen den kurzen grünen Nadeln verschwinden.
Bevor wir weiterwandern, sehen wir noch einmal in die Tiefe des Totengrundes und betrachten aus der Ferne den südwestlich gelegenen „Steingrund". Er liegt deutlich höher. Zwischen den vielen verschieden großen Wacholderbüschen können wir die zahlreichen Steinblöcke erkennen.

Zwischen ehemaligen Feldern geht es weiter. Die Begrenzung durch doppelreihige Krattbuchen ist überall noch deutlich zu erkennen. Auf den freien Flächen sind junge Wacholder angepflanzt. Im großen Bogen nähern wir uns wieder Wilsede.
Auch an diesem Weg steht junges Winterkorn. Es ist Roggen mit Gräsern vermischt, der den Heidschnucken als zusätzliches Futter dienen soll.
Langsam wird es uns von dem Nieselregen und dem Frühjahrswind recht kalt. Wir sind froh, als wir das Gasthaus „Zum Heidemuseum" erreichen. In dem gemütlich eingerichteten alten Niedersachsenhaus gibt es einen herrlichen, klaren Schnaps, der uns alle von innen wärmt, so daß wir das letzte Stück des Weges fröhlich hinter uns bringen.
Am nächsten Morgen herrscht trübes, feuchtes Wetter. Wir wollen auf den Wilseder Berg steigen. Er ist mit seinen 169 m die höchste Erhebung Nordwestdeutschlands. Von Wilsede aus geht es auf einer alten Straße nach Westen. Das bunte Kopfsteinpflaster und die großen Birken, die links und rechts an der Straße stehen, erinnern an frühere Zeiten. Die Birkenzweige, die schon rötlich vom Frühjahrssaft sind, wiegen sich leicht im Wind. Das Kopfsteinpflaster ist rutschig von Nässe und macht den Schritt unsicher. So sind wir ganz froh, als wir in einen kleinen Fußweg einbiegen, der uns nach Nordwesten führt. In den dichten Wacholderbeständen, die unseren Weg säumen, haben sich junge Eichen, Birken und Vogelbeerbäume angesiedelt. Der Boden ist bedeckt von Bickbeeren; so heißen die Heidel- oder Blaubeeren *(Vaccinium myrtillus)* in Norddeutschland. Ihre hellgrünen Blattknospen warten nur auf ein paar sonnige Tage, um sich entfalten zu können. Langsam geht es bergauf. Die Wacholderbüsche werden spärlicher, die Heide breitet sich aus. So ein Heidestrauch im Vorfrühling ist etwas sehr Schönes. An allen Zweigen sitzen die bräunlichen, zusammengerollten Blättchen. Wie silberne Glöckchen hängen die Samenstände des Vorjahres an den Zweigen. Hier wächst auch das Rotstengelmoos *(Pleurozium schreberi)* und die Rentier-

Seite 49
Zum Landschaftsbild der Heide gehören die Heidschnucken und die Schafställe mit ihren tief heruntergezogenen Dächern.

Seite 50/51:
Links: Blühende Heidelandschaft im Hochsommer; dazwischen Wacholderbestände (Juniperus communis).

Rechts: Die kleinen Blüten des Heidekrauts (Calluna vulgaris) *stehen in einseitswendigen, dichten Trauben; ihre Bestäubung erfolgt vorwiegend durch Bienen.*

Seite 52:
Oben: Die wirtschaftliche Bedeutung der Imkerei ist heute zwar nicht mehr so groß wie früher, doch ist der dunkle Heidehonig noch immer sehr beliebt.

Unten: In der Nähe von Wilsede und Haverbeck kann man eine frühere Besonderheit der Bewirtschaftung noch heute sehen. Zur Brennholzgewinnung wurden Eichen oder Buchen etwa alle 15 Jahre über der Wurzel abgeschlagen. Es ergaben sich besonders charakteristische Wuchsformen. Man nennt sie Stühbusch oder Kratt, Bäume, die in mehreren Stämmen aus einem Wurzelballen emporwachsen.

flechte *(Cladonia impexa)*. Das Moos bringt eine sattgrüne Farbe und die Flechte graue Tupfer in das Braun der Heide. In der Ferne verschwimmen die Formen, und die Heide wächst wie brauner Samt bergaufwärts.
Wir lassen ein Fichten- und Kiefernwäldchen mit einem Feuerwachtturm hinter uns und erreichen die sanfte Kuppe des Wilseder Berges. Hier gibt es nur Heidekraut und weiße Heidesandwege, die von allen Seiten auf den Berg zuführen. Nichts versperrt den weiten Blick. Im Norden und Nordwesten sehen wir Kiefernwälder wie sanfte blaue Kulissen. Dahinter muß in dunklen Regenwolken Hamburg liegen. Nach Westen fällt der Berg zu unseren Füßen steiler ab. Weite freie Heideflächen liegen vor uns, die nur ab und zu mit fahlen Grasstreifen durchsetzt sind. Im Süden und Osten befinden sich in der Ferne wieder weite Waldungen. Es wundert uns, daß die vielen, wohl 3 m hohen Wacholderbüsche hier so schlank emporwachsen.
Wir stehen in der feuchten Kühle. Wir wissen, daß wir gestern und heute nur einen kleinen Teil dieser besonderen Landschaft „Heide" gesehen haben. Sicher ist sie zur Blütezeit mit Bienengesumm und grünen Birken fröhlicher und heiterer. Aber der besondere Reiz dieser braunen Einsamkeit mit ihren eigenartigen Wacholderbüschen und den blauen Kiefern- oder Fichtenwäldern in der Ferne hat uns alle sehr beeindruckt.

Das Land

In Niedersachsen stehen auf einer Fläche von 48 821 ha 235 Gebiete unter Naturschutz; in diesen Angaben sind die naturgeschützen Teile des Wattenmeeres (57 578 ha) nicht enthalten. Das Land hat zudem 1495 Landschaftsschutzgebiete mit einer Gesamtgröße von 858 096 ha und 4198 Naturdenkmale.
Niedersachsen ist durch eine Vielfalt an Landschaftstypen ausgezeichnet, wie sie ansonsten wohl in keinem anderen Bundesland anzutreffen ist. Zu nennen sind: Die Nordsee-Inseln, Watten, Marsch, Geest, Moor (das moorreichste Land der Bundesrepublik Deutschland), Börden, Mittelgebirge (z.B. Harz, Solling). Hierdurch bietet das Land nicht nur Freizeit- und Erholungsmöglichkeiten für nahezu alle Ansprüche, sondern auch eine Vielzahl unterschiedlichster Aufgaben für den Naturschutz.
Die Wandervereine sind in der norddeutschen Arbeitsgemeinschaft (Sitz: Clausthal-Zellerfeld) zusammengeschlossen. Seit 100 Jahren ist bereits der Harzklub (rund 13 000 Mitglieder) tätig, aber auch der Wiehengebirgsverband (rd. 12 000 Mitglieder) und die Wanderbewegung Norddeutschland (Sitz: Hamburg) mit etwa 4000 Mitgliedern gehören zu den großen Wandervereinen Niedersachsens.

Die Lüneburger Heide *(Nordheide)*

20 000 ha großes Naturschutzgebiet im norddeutschen Tiefland zwischen Lüneburg, Soltau und Buchholz. Sein Zentrum bildet der Wilseder Berg (Höhe 169 m); er ist die Wasserscheide zwischen Elbe und Weser. Es handelt sich um eine eiszeitlich geformte Landschaft mit Höhenzügen, großen Heideflächen, Dünengebie-

ten, Mooren, Gewässern, Waldungen und landwirtschaftlichen Nutzflächen.
Botanisch, zoologisch und prähistorisch interessantes Gebiet. Der „Verein Naturschutzpark“ e. V. Stuttgart – mit eigener Zeitschrift – (1909 gegründet) bemüht sich durch Erwerb und Erhaltung die Heidelandschaft zu schützen. Der Europarat hat dies 1967 durch Verleihung des ersten Europa-Diploms anerkannt.

Die Pflanzenwelt:

Heidekraut, Besen-Heide *(Calluna vulgaris);* eine Sandheidepflanze, die vom August–Oktober hellrosa-violett blüht; Blätter immergrün, dachziegelartig und lineal-lanzettlich; Bestäubung durch Insekten, vor allem Bienen.

Englischer *(Genista anglica)* und Behaarter *(Genista pilosa)* Ginster; goldgelbe Schmetterlingsblüten, Zweige bei ersterem dornig, beim Behaarten dornenlos, Blätter lanzettlich; Blütezeit: Mai/Juni; auf Sandheiden.

Rotstengelmoos *(Pleurozium schreberi);* Stengel rot durchscheinend und unregelmäßig gefiedert, meist aufrechtstehend; Blätter dachziegelartig anliegend.

Becherflechten *(Cladonia spec.)* in zahlreichen Arten, u.a. die graugrüne Rentierflechte *(C. impexa);* vielästig, dichte Rasen auf dem Sandboden bildend.

Hänge-Birke *(Betula pendula);* Zweige hängend, junge Zweige fast kahl und mit warzigen Harzdrüsen; steht an Heidewegen, auf -wiesen sowie in trockenen, lockeren Nadelwäldern. Zur Erhaltung der Heidelandschaft versucht man eine Wiederbewaldung, zu der auch die Birke beiträgt, möglichst zu verhindern (Entkusselung).

Heide-Wacholder *(Juniperus communis);* aufrechter Strauch oder Baum von meist säulenförmigem Wuchs, mit gerade abstehenden, stechenden Nadeln; besonders häufig im Steingrund, aber auch an anderen Orten in größeren Beständen.

Vogelbeerbaum, Eberesche *(Sorbus aucuparia);* Baum mit glatter Borke; scharlachrote, fast kugelige Früchte, werden gern von den Drosseln gefressen; Blätter unpaarig gefiedert, lanzettlich und scharf gesägt; nicht selten in der Nähe von Wacholder.

Heidel-, Blaubeere *(Vaccinium myrtillus);* Zwergstrauch mit scharfkantigen Zweigen und eiförmigen, sommergrünen Blättern; reife Beeren blauschwarz mit rotem Saft; im Halbschatten, oft im Schutze von Wacholder und Kiefern wachsend.

Silbergras *(Corynephorus canescens);* graugrüne Blätter und silbergraue Rispen; dichthorstig auf den Sandböden der Binnendünen.

Glocken-Heide *(Erica tetralix);* aufrechter, behaarter Stengel, Blüten fleischrot und krugförmig (Juli/August); nadelförmige Blätter mit stark nach unten umgerollten Rändern, quirlständig, drüsig bewimpert; auf Heidemooren und Feuchtheiden sehr häufig.

Rasen-Haarsimse *(Trichophorum cespitosum);* Stengelstiel rund, glatt und mit einem einzigen Ährchen, im Spätsommer werden die Halme gelb; bildet kompakte Horste auf nassen, nährstoffarmen Torfböden.

Rundblättriger Sonnentau *(Drosera rotundifolia);* insektenfangende Pflanze, deren Blätter Drüsen haben, die dem Fang und Verdauen tierischer Nahrung dienen; die klebrigen, längeren Drüsenhaare krümmen sich bei Berührung zur Blattfläche hin und umschließen die Beute; Blüte weiß (Juli/Aug.); wächst an trockeneren Stellen der Verlandungszonen; an feuchteren Orten findet man möglicherweise den Mittleren Sonnentau *(D. intermedia),* dessen Blattspreite mehr als doppelt so lang wie breit sind (bei *D. rotundifolia* kreisrund).

Die Tierwelt:

Ameisenjungfer *(Myrmeleon formicarius);* ein Netzflügler, dessen Larven (Ameisenlöwe) trichterförmige Sandgruben bauen und an ihrem Grunde die hereinfallenden Insekten (z.B. Ameisen) erfassen und aussaugen; das fertige Insekt ist libellenähnlich, die hellen Flügel sind ungefleckt; Larve an trockenen, sonnenbeschienenen Standorten.

Wald-Sandläufer *(Cicindela silvatica);* 16 mm großer Käfer, Grundfärbung schwarz; auf besonnten Sandwegen, fliegt bei Gefahr sofort auf.

Zaun-Eidechse *(Lacerta agilis);* 20 cm lang; plumpe Körperform, Schwanz kurz und dick; grüner, graubrauner Rücken; an sonnigen, trockenen Orten.

Wald-, Bergeidechse *(Lacerta vivipara);* bis 16 cm lang, mäßig schlanke Körperform, Schwanz verhältnismäßig kurz; Grundfärbung braun; in feuchteren Heidelandschaften (Mooren).

Kreuzotter *((Vipera berus);* meist nicht länger als 60 cm, sehr verschieden gefärbt, aber stets mit dunklem Zickzackband auf dem Rücken; giftig, beißt jedoch im allgemeinen nur zu, wenn sie behelligt wird; auf Heideflächen und Mooren.

Birkhuhn *(Lyrurus tetrix);* ♂ (53 cm) mit blauschwarzem Gefieder und leierförmigem Schwanz, weiße Unterschwanzdecken, ♀ (41 cm) braun gebändert; kräftige scharlachrote Augenlidwülste („Rosen"); schwerfälliger polternder Flug; während der Balz (April) weithin hörbares Kollern in den frühen Morgenstunden und am Spätnachmittag; in anmoorigem Gelände mit Binsen und einigen Bäumen.

Ziegenmelker *(Caprimulgus europaeus);* 27 cm groß, dunkelbrauner Dämmerungs- und Nachtvogel mit großen Augen; an farnbewachsenen Rändern der Heidegebiete und Moore; Balzgesang (abends/nachts) lautes, langes, schnelles Schnurren, legt die zwei Eier unmittelbar auf dem nackten Boden ab.

Heidelerche *(Lullula arborea)*; 15 cm groß, graubraun, auffällig helle Überaugenstreifen, melodischer Gesang (düdlü, lülülü) auch im Fluge; an Waldrändern in sandigen Heidegebieten, brütet am Boden.

Wiesenpieper *(Anthus pratensis);* 15 cm groß, Färbung oberseits olivbraun, unterseits gelblich mit dünnen braunen Längsstreifen; kurzer Singflug, schwebendes Niedergleiten mit Triller endend; auf Heideflächen ohne Baumbestand, Nest zwischen Grasbüscheln.

Raubwürger *(Lanius excubitor);* 24 cm groß, schwarz-weiß-graues Gefieder, Schwanz sehr lang; seine Stimme ein lautes „Schäck, schäck"; gern auf erhöhten Punkten sitzend; in Ödland und an Waldrändern der Heidelandschaft, Nest meist im Dorngestrüpp.

Mäusebussard *(Buteo buteo);* 54 cm groß; Färbung und Zeichnung sehr verschieden (oft dunkelbraun oder grau mit weißlicher, gefleckter oder gebänderter Unterseite); breiter, gerundeter Schwanz schmal braun oder grau gebändert; schwerfälliger Segelflug; ruft miauend „wiäh"; nistet meist auf Bäumen.

Steinschmätzer *(Oenanthe oenanthe);* 15 cm groß; Kopf und Rücken blaugrau bis bräunlich, weißer Überaugenstreif, Brust gelblich, Bauch sowie Bürzel weiß, Flügeldecken und Schwanzende schwarz; sehr scheu, kurzer Singflug, gern auf erhöhten Punkten sitzend, knicksende Bewegungen und langsames Schwanzwippen; steiniges, sandiges oder mooriges Gelände; Zugvogel (April–September im Gebiet); Nest unter Steinen, Torfhaufen und in Erdlöchern.

Heidschnucken; genügsame Schafrasse mit sehr langem Oberhaar und schneckenförmigem Gehörn, das auch die Weibchen tragen; Lämmer bei Geburt schwarz, später grau; heute leben im Naturschutzgebiet der Nordheide ca. 5000 Tiere.

Findlinge:

Meist aus Granit, gelegentlich auch aus Porphyr u. a. Gesteinen. Blieb in der letzten Eiszeit beim Zurückweichen der Gletscher zurück; stammen aus Skandinavien.

Kartenmaterial:

Wanderkarte Naturschutzpark Lüneburger Heide 1 : 50000, Niedersächsisches Landesverwaltungsamt-Landesvermessung; Topographische Karten 1 : 25000 Nr. 2724 Tostedt, Nr. 2725 Hohn, Nr. 2726 Garlstorf, Nr. 2824 Schneverdingen, Nr. 2825 Behringen, Nr. 2826 Evendorf, Nr. 2924 Neuenkirchen, Nr. 2925 Bispingen.

Bemerkungen:

Bis auf drei Durchfahrtsstraßen ist das Naturschutzgebiet für den Autoverkehr gesperrt, doch sind Pferdekutschfahrten möglich. Gut markierte Rundwanderwege sowie je zwei Natur- (Länge 4–5 km) und urgeschichtliche Lehrpfade.

Berlin: Im Grunewald

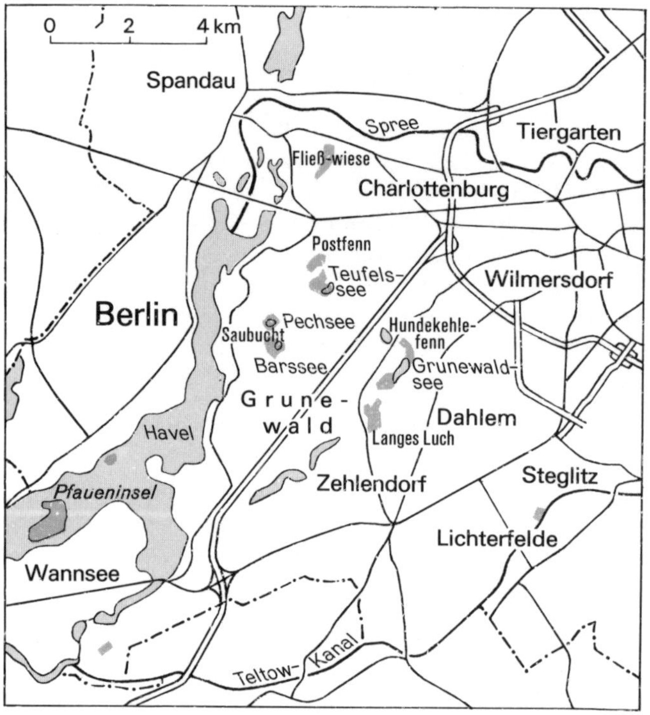

„Im Grunewald, im Grunewald ist Holzauktion" sang schon meine Großmutter. Und immer noch ist der Grunewald das größte zusammenhängende Waldgebiet von 36,9 km² in Berlin. Eingefügt in diesen Wald, dessen Bodenformen vor vielen Jahrtausenden von den Schmelzwassern und Gletschern der Eiszeit geprägt wurden, befinden sich kleine Naturschutzgebiete. Ihre wesentlichen Kennzeichen sind meist Wasserlöcher und Seen mit typischer Moorvegetation. Leider ist der Grundwasserspiegel im ganzen Grunewald in den letzten Jahren stark abgesunken, so daß sich manches dieser Gebiete im Charakter verändert hat. Einige Moorpflanzen verschwanden durch das Austrocknen völlig; sie haben Büschen und Bäumen Platz machen müssen.
An einem milden Herbsttag fahren wir im Nordosten in der Nähe der Försterei Eichkamp in den Grunewald. Vor uns liegt eine schöne Kastanienallee. Die großen handförmigen Blätter der Bäume fangen bereits an, sich gelblich zu verfärben. Links und rechts unter den Kiefern stehen Linden, Robinien und Traubenkirschen als Unterholz. Die Späte Traubenkirsche *(Prunus serotina)* mit ihren derben, oberseits stark glänzenden Blättern wird uns in allen Teilen des Grunewaldes als üppig wachsendes Unterholz begegnen.
Links vom Weg treffen wir auf eine riesige, fast einen Kilometer lange Sandkuhle. Hier sehen wir die Sande, die die Eiszeit aufgeschoben hat. Am Rande der Grube siedelten sich als erstes Birken an. Dahinter ragen einzelne alte Kiefern und einige Eichen auf. Ich erfahre, daß auf diesem Boden ursprünglich ein Kiefern-Eichenwald gewachsen ist. Da wird mir klar, daß die schönen Bilder von Leistikow mit ihren ausdrucksvollen Kiefernstämmen im Abendrot nicht den ursprünglichen Wald zeigen, sondern Kiefernforste, die angepflanzt worden sind.

Wir nähern uns dem Teufelsberg, einer 115 m hohen Erhebung, die nach dem Krieg aus Trümmern und Schutt aufgetürmt wurde. Kein Fremder, der diesen mit Bäumen bestandenen Hügel sieht, käme auf den Gedanken, hier einen von Menschen geformten Berg vor sich zu haben.
Dicht am Weg südlich des Teufelsberges liegt das alte Wasserwerk der ehemaligen Stadt Charlottenburg am Teufelssee. Ein einsamer Schornstein ragt in die Höhe. Das Wasserwerk ist zwar nicht mehr in Betrieb, spendet aber noch immer Wasser, um den unter Naturschutz stehenden Teufelssee ständig aufzufüllen. Hier sank das Grundwasser in den letzten Jahren um 5 m ab.
Gleich hinter dem Wasserwerk entdecken wir eine große Liegewiese und einen Kinderspielplatz. Sogar ein Skigelände und eine Sprungschanze wurden oben am Nordrand angelegt. Bei der Mitteilung, daß auch die Panzer hier ein Übungsgelände haben und die Sandwege aufwühlen, wird mir bewußt, was dieses Stück Natur alles leisten muß. Wir sehen ein schönes Erholungsgebiet mit vielen Möglichkeiten der sportlichen Betätigung; Trümmer wurden hier abgeladen; das Wasserwerk versucht, den Grundwasserspiegel zu halten; Panzer fanden hier ein Übungsgelände. Ein Teil des Gebietes steht unter Naturschutz, damit die Menschen heute und auch noch morgen einen Eindruck davon bekommen können, wie es hier früher einmal war.
Es geht weiter nach Westen. Wir fahren durch einen recht abwechslungsreichen Wald, der heute aus jungen Beständen von Birken, Eichen, Kiefern, Robinien und Linden besteht – die älteren Bestände wurden während der Blockade abgeholzt. Auch eine Anzahl von Altkiefern sehen wir, an denen die Stämme mit ihren großen Schuppen in vielen Brauntönen zu bewundern sind.
Wir erreichen die Havelchaussee. Das Gelände wird bergig und kuppig; es liegt etwa 70 m über der Havel, die wir westlich vor uns wissen. Hier sehen wir Buchen; Eichen kommen hinzu. Und als Unterholz wächst auch hier die allgegenwärtige Traubenkirsche.
Nach einer kurzen Fahrt erreichen wir den Grunewaldturm. Das vor kurzem renovierte Bauwerk sieht trotz seines nachgeahmten Stiles inmitten des vielen Grüns recht fröhlich aus. Von der oberen Plattform können wir auch bei bedecktem Wetter weit ins Havelland sehen.
Am schönsten ist der Blick über die Havel nach Süden. Vor uns fällt das Gelände sanft ab. Es ist mit Eichen, Buchen, Robinien und einigen Altkiefern bewachsen. Schemenhaft schwimmen die Inseln Lindwerder, Schwanenwerder und die Pfaueninsel im Nebel auf dem Wasser. Nach Osten zu wellt sich das Gelände. Einzelne hohe Kiefern ragen auf. Von der Stadt ist aber im Dunst nichts zu erkennen. Im Nordosten sehen wir zurück auf den Trümmerberg, der hoch über seine Umgebung ragt, und im Norden entdecken wir ein Stück Havelufer. Vor dem schmalen Schilfgürtel schwimmen zusammengekettete Stämme. Ich

frage nach ihrer Bedeutung. Diese schwimmende Blockade soll den Schilfgürtel vor der Zerstörung durch Boote und deren Wellenschlag schützen; wäre erst der Schilfgürtelstreifen zerstört, würde auch das Ufer dahinter leiden.
Hier gibt es wieder ein ähnliches Problem wie beim Teufelsberg. Die Havel soll so vielen, sehr unterschiedlichen Zwecken dienen: Bootsverkehr, Badebetrieb, Vorfluter für Abwässer und Wasserversorgung. Nachdenklich steigen wir die 204 Stufen wieder hinab und beschließen, uns das Ufer an der Lieper Bucht aus der Nähe anzusehen.
Von der Straße, der Havelchaussee aus, steigen wir durch einen recht trockenen Erlenbruchwald zum Wasser. Es herrscht Hochwasser. Rechts von uns stehen Schilf und Schmalblättrige Rohrkolben *(Typha angustifolia)*. Wir waten durch gelben Sand. Vor uns wachsen Weiden und Erlen. Ihre Wurzeln sind freigespült. Wie ein großes Geflecht liegen sie auf dem Wasser. Kleine Wellen klatschen leise an die armdicken Wurzeln. Auch hier gab es einst einen Schilfgürtel, der die Weiden und Erlen schützte.
Jetzt schwimmen Bläßhühner *(Fulica atra)* – in Berlin Lietzen genannt –, Schwäne *(Cygnus olor)* und Stockenten *(Anas platyrhynchos)* vor den bloßgespülten Wurzeln. Der Erpel und die Weibchen entfernen sich laut quakend, als wir uns ihnen nähern. Vor uns liegt ein langgestreckter Strand. In regelmäßigen Abständen stehen viele blaue Papierkörbe. Wir können uns angesichts ihrer großen Zahl vorstellen, wie viele Menschen hier an schönen Tagen Erholung suchen. Am Rande des Strandes neben dem Fahrweg wurden etwa alle 50 m Tiefbrunnen gebohrt. Sie liefern aber nicht nur Grundwasser aus dem Grunewald, sondern auch Uferfiltrat, Sickerwasser der Havel, das durch den Sand läuft. Durch die Brunnen ist hier die Uferzone mit den Erlen so trocken geworden.
Wir steigen durch einen Erlenstreifen wieder auf die Straße. Hier fällt das Gelände ziemlich steil zum Havelufer ab. An vielen Stellen ist der Hang mit Faschinen, eingerammten Holzstämmen, befestigt, damit er nicht abrutscht. An diesem nach Westen offenen Steilhang, aus dem bis zu Anfang dieses Jahrhunderts noch Quellen flossen, herrscht eine höhere Luftfeuchtigkeit, weshalb hier Buchen auch im trockenen Berliner Klima gedeihen. Einzelne Blätter haben sich schon herbstlich verfärbt.
Wir fahren den Hang hinauf nach Nordosten durch Kiefernstangenholz. Die Sandwege sind durch Panzer zerfahren.
Da taucht vor uns an einer Weggabelung ein riesiger Findling auf. Wir steigen aus, klettern durch ein Dickicht von Traubenkirschen, bewundern eine herrliche mehrhundertjährige Eiche und kommen zu dem kleinen, tiefgelegenen Pechsee. Das dunkle Wasser, umgeben von großen Birken und alten Kiefern, ist ein so wunderschöner Platz, daß wir lange am Ufer verweilen. Dann wagen wir uns vorsichtig auf den Schwingrasen, der einen breiten Streifen bedeckt. Bei jedem Schritt schwankt der Boden unter uns. Wir entdecken Wollgras *(Eriophorum spec.)*. Und direkt vor unseren Füßen auf dem dunkelmoorigen Boden wachsen die

kleinen Rosetten des Rundblättrigen Sonnentaues *(Drosera rotundifolia)*. Am Rande der langgestielten Blätter dieser fleischfressenden Pflanze funkeln die klebrigen kleinen Tentakel. An einer Pflanze ist auch ein abgeblühter Blütenstand zu entdecken. Um uns herum sind überall dicke Polster von Torfmoos, in die unsere Schuhe langsam einsinken.
Wir freuen uns an dem friedlichen Anblick dieses Moorsees und gehen dann zurück zu unseren Fahrzeugen. Am Jagdschloß Grunewald vorbei, das diesem Berliner Forst seinen Namen gab, erreichen wir nach kurzer Zeit wieder die Häuser der Stadt.
Wir lernten ein abwechslungsreiches, reizvolles Stück Natur kennen, ein Stück Natur, das viele Aufgaben – fast zu viele – zu erfüllen hat.

Das Land

Berlin hat 16 Naturschutzgebiete mit einer Fläche von rund 219 ha. 9601 ha stehen zudem in 35 Gebieten unter Landschaftsschutz, das sind 0,46% (NSG) bzw. 20% (LSG) der Stadtgebietsfläche.
Das Land liegt im letzteiszeitlich vergletscherten Teil der Mark Brandenburg. Es wird vom Berliner Urstromtal (Spree, Tegeler See) und der Havelrinne durchzogen, die von Moränenflächen umgeben sind.
Die Waldgebiete der Berliner Forsten, in denen die meisten Naturschutzgebiete liegen, verdanken ihren Charakter einer mehr als 1200jährigen natürlichen, späterhin durch zunehmende menschliche Nutzung bestimmten Entwicklung.
Zahlreiche Vereine (z.B. Botan. Verein der Provinz Brandenburg, Deutsche Gesellschaft für Mykologie, Gesellschaft für Erdkunde zu Berlin, Schutzgemeinschaft Deutscher Wald, Volksbund Naturschutz Berlin) unternehmen Führungen durch die verschiedenen Landschaften Berlins; es besteht ein Wanderwegenetz von rund 680 km.

Grunewald

Dieser seenreiche und nur stellenweise parkartige Forst zwischen den westlichen Vororten Berlins hat eine Größe von ca. 3000 ha. Er ist ein Landschaftsschutzgebiet, das sich in einen flacheren östlichen (45–60 m über Meereshöhe) und einen etwas höhergelegenen hügeligen westlichen Teil (bis 97 m über Meereshöhe) gliedert. In ihm liegen sieben Naturschutzgebiete: Postfenn / südl. Teil, Teufelssee (mit dem Teufelsfenn), Pechsee, Barssee (Saubucht), Hundekehlefenn, Grunewaldsee / südl. Teil und das Lange Luch mit einer Gesamtgröße von 64 ha; es handelt sich um vegetationskundlich und zoologisch besonders interessante Gewässer- und Moorschutzgebiete.
Das Postfenn im nördlichen Grunewald wurde 1962 (zwei Jahre später als die übrigen genannten Gebiete) unter Naturschutz gestellt. Beeinträchtigt durch Grundwassersenkungen wachsen heute auf dem Moorboden vor allem Birken und das Pfeifengras; das Scheidige Wollgras breitet sich besonders im südlichen Teil aus.
Südlich dieses Gebietes liegt der Teufelssee. Eine ebenfalls starke Beeinträchtigung durch Grundwasserabsenkung, frühere Überstauungen und eine allzu große Erholungsnutzung veränderten die Pflanzen- und Tierwelt beträchtlich. Bei den Amphibien war der Rückgang besonders augenfällig. Heute ist das Gebiet geprägt von dichten Birken-, Pappel- und Traubenkirschen-Beständen.
Besonders reizvoll ist der Pechsee in einem von Kiefern (besonders am Nordufer) und Birken umsäumten Tal-

kessel. Jedoch ist die Vegetation des umgebenden, ehemals wachsenden Moores heute größtenteils abgestorben.
Die Wasserfläche des Barssees ist fast vollständig verschwunden. Rohrkolben bedeckt den schlammigen Boden, so daß dieser Moorsee am meisten von seiner Ursprünglichkeit eingebüßt hat.
Aus dem früher bewaldeten, landschaftlich schönen und wissenschaftlich wertvollen Hundekehlefenn-Moorgebiet entstand durch vielfältige Eingriffe ein offenes Gelände mit einem größeren Tümpel. Starker Wildbestand und die Überflutungen bei Hochwasser haben dieses Gebiet sehr stark verändert.
Der südliche Teil des Grunewaldsees ist unter den genannten Naturschutzgebieten das einzige Beispiel für einen mäßig nährstoffreichen See. An seinem Südwestufer findet man noch den Restbestand eines herrlichen Weiden-Auenwaldes. Im Gebiet wurden 1970/71 insgesamt 188 Farn- und Blütenpflanzenarten sowie 31 Wirbeltierarten festgestellt.
Völlig bewaldet ist das Lange Luch. Hier zählte man 174 Arten von Farn- und Blütenpflanzen. Im Gebiet sind Erlenbruchwälder vorherrschend, die nach dem Zentrum zu in ein Wollgras-Kiefernmoor übergehen.

Die Pflanzenwelt:

Torfmoose *(Sphagnum spec.);* im Gebiet zahlreiche Arten (u.a. *squarrosum, amblyphyllum, apiculatum, cuspidatum);* ihre Größe und Färbung variiert; sie bilden z.T. den Schwingrasen; die Bestimmung ist meist nur unter dem Mikroskop möglich.

Adlerfarn *(Pteridium aquilinum);* sehr groß; Wedel 2–4fach gefiedert; Sporenhäufchen randständig; stellenweise in größeren Beständen an verschiedenen Stellen des Grunewaldes.

Wald-Kiefer *(Pinus sylvestris);* bis 40 m hoch, Krone im Alter schirmförmig; Rinde dunkelbraun (untere Stammhälfte) bis rostrot (obere Hälfte); Nadeln 3–8 cm lang, blaugrün; gestielte Zapfen hängend; häufigster Baum des Grunewaldes.

Rundblättriger Sonnentau *(Drosera rotundifolia);* insektenfangende Pflanze; Blätter mit Drüsen, die dem Fang und Verdauen der Nahrung dienen; Blüten weiß (Juli/August); im Postfenn, Hundekehlefenn, im Wollgrasmoor am Pechsee, am Barssee und im Langen Luch.

Späte Traubenkirsche *(Prunus serotina);* derbe Blätter oberseits stark glänzend; aus Nordamerika; zur Verbesserung der Humusform angebaut; im Grunewald fast überall üppig wachsend und z.T. eine Bedrohung einheimischer Vegetation in den Schutzgebieten.

Zitter-Pappel, Espe *(Populus tremula);* bis 15 m hoher Baum mit gelbbrauner bis dunkelgrauer, glatter Rinde; Blätter lang gestielt, fast kreisrund, stumpf gezähnt, hängend; am Teufelssee (auf Sandboden) und im Langen Luch.

Mandel-Weide *(Salix triandra);* Strauch mit gelbgrü-

Seite 61:
Von einem Altkiefernbestand umgebene Verlandungszone des Pechsees mit Schwingrasen (Wollgras, Seggen und Torfmoos).

Seite 62:
Zu den Charakterpflanzen am Teufels-, Bars- und Pechsee gehört das Schmalblättrige Wollgras (Eriophorum angustifolium); *die Blütenköpfe wachsen zur Reifezeit zu auffälligen Wollschöpfen aus.*

Seite 63:
Der geschützte Rundblättrige Sonnentau (Drosera rotundifolia) *besitzt auf seinen Blättern Drüsen, die dem Fang und Verdauen von Insekten dienen. Die klebrigen Tentakel krümmen sich nach der Berührung zur Blattfläche hin und umschließen die Beute. Lediglich die äußeren Körperumhüllungen des Insekts bleiben später unverdaut zurück.*

Seite 64:
Das Ufer des Teufelssees mit Resten von Verlandungsbeständen (Kalmus, Sumpf-Schwertlilien).

nen bis rotbraunen Zweigen; Blätter lanzettlich, bis 12 cm lang, beiderseits grün; ♂ Blüten mit 3 Staubblättern, ♀ Kätzchen schlank, zylindrisch, erscheinen vor oder mit den Blättern; an der Havel und in der eingezäunten Ecke am Südwestufer des Grunewaldsees.

Bruch-Weide *(Salix fragilis)*; bis 12 m hoch; gelbe oder braune Zweige brechen mit einem knackenden Geräusch ab; gestielte Blätter lanzettlich, bis 15 cm lang; aufrechte ♀ Kätzchen kurzgestielt, dick; die Rötel-Weide (*Salix x rubens*; Bastard mit der folgenden Art) ist die häufigste Baumweide des Havelufers.

Silber-Weide *(Salix alba)*; bis 20 m hoher Baum oder Strauch; Zweige zunächst gelblich, später rotbraun; Blätter lanzettlich, bis 9 cm lang, unterseits seidenhaarig; Kätzchen erscheinen mit den Blüten; angepflanzt; ebenfalls am Südwestufer des Grunewaldsees.

Korb-Weide *(Salix viminalis)*; meist als größerer Strauch; Zweige grüngelb bis -blau; Blätter schmal lanzettlich, bis 15 cm lang, am Rande meist umgerollt; dicht seidenhaarige Kätzchen erscheinen vor den Blättern; an der Havel und im bewaldeten Gebiet in der Südwestecke des Grunewaldsees.

Hänge-Birke *(Betula pendula)*; bis 20 m hoher Baum im unteren Teil mit rissiger, schwärzlicher Borke und einigen weißen Flecken, oberer Teil weiß, glatt; Zweige hängend; Blätter dreieckig-rhombisch, lang zugespitzt; ♂ Kätzchen bis 6 cm lang, ♀ bis 3 cm; häufigstes Pioniergehölz des Grunewaldes; die ähnliche Moor-Birke *(Betula pubescens)* hat eine meist glatte, grauweiße Rinde und eiförmige Blätter; in den Moorgebieten.

Schwarz-Erle *(Alnus glutinosa)*; bis 25 m hoch; rissige, schwärzliche Borke; Blätter rundlich, an der Spitze abgestutzt oder ausgerandet; ♀ Kätzchen gestielt, später verholzend; beherrschender Baum des Erlenbruchwaldes im Langen Luch, aber auch sonst im Gebiet, besonders am Havelufer.

Stein-, Trauben- oder Winter-Eiche *(Quercus petraea)*; bis 40 m hoher Baum; Blätter lang gestielt mit keilförmigem Grund; ♂ Blüten in dichten Trauben; Früchte (Eicheln) fast ungestielt; spielt im natürlichen Bewuchs des Grunewaldes eine bedeutende Rolle, mehr als 200 knorrige alte Stämme sind hier die eindruckvollsten Baumgestalten.

Stiel- oder Sommer-Eiche *(Quercus robur)*; bis 35 m hoher Baum mit rissiger dunkelbrauner Rinde; Blätter kurz gestielt mit herzförmig-zweilappigem Grund; Frucht (Eichel) lang gestielt, eiförmig, vom zapfenförmigen Fruchtbecher umschlossen; verbreitet im Grunewald.

Sumpf-Porst *(Ledum palustre)*; bis 1,50 m hoher Strauch; duftet stark; immergrüne Blätter lederig, linealisch; weiße Doldenblüten (Mai/Juni); im Hundekehlefenn; giftig.

Rosmarinheide, Gränke *(Andromeda polifolia)*; bis 30 cm hoher Zwergstrauch mit weithin kriechenden Ausläufern; immergrüne Blätter, lineal-lanzettlich, oberseits dunkelgrün, unten blaugrün; rötliche Doldentrauben (Mai–Juni) nickend; an den tieferen Stellen im Langen Luch; giftig.

Moosbeere *(Vaccinium oxycoccus)*; kriechende Zweige bis 80 cm lang; immergrüne Blätter eiförmig zugespitzt, rote Blattstiele fein behaart; rosa Blüten (Juni–August); rote, kugelige Beeren; im Postfenn, Hundekehlefenn, am Pechsee und am Langen Luch.

Sumpf-Schwertlilie *(Iris pseudacorus)*; bis 1 m hoch mit schwertförmigen Blättern; Blütenblätter gelb, äußere groß, eiförmig, innere klein und linealisch (Mai/Juni); in der Verlandungszone am Teufelssee und im Langen Luch.

Scheidiges Wollgras *(Eriophorum vaginatum)*; bis 60 cm hoch; ohne Ausläufer; Stengel unten stielrund, oben dreikantig; oberste Blattscheide aufgeblasen; einköpfig; im Postfenn, Hundekehlefenn, am Teufels- und Barssee sowie im Langen Luch.

Schmalblättriges Wollgras *(Eriophorum angustifolium)*; bis 70 cm hoch; mit Ausläufern; Stengel stielrund, Ährchenstiele glatt; Blätter 3–4 mm breit, oft rötlich überlaufen; zur Fruchtzeit mehrere weißwollige Köpfe; am Teufels-, Bars- und Pechsee.

Pfeifengras *(Molinia coerulea)*; horstbildend; kurze Ausläufer; Stengel bis 1,50 m hoch; Blätter blaugrün; schmale, bis 30 cm lange Rispe (August/September) meist schieferblau; besonders im Postfenn, am Teufels- und Pechsee.

Schilf *(Phragmites communis)*; bis 4 m hoch; Blätter blaugrün, 3 cm breit; Blütenrispe 20–40 cm lang, bräunlich bis rötlich (Juli–September); in den Verlandungszonen, häufigste Röhrichtart am Havelufer. An der Berliner Havel zusammen mit den Rohrkolbenarten und der Flecht-Binse *(Scirpus lacustris)* durch ein besonderes Röhrichtschutz-Gesetz geschützt.

Draht-Schmiele, Geschlängelte Schmiele *(Deschampsia flexuosa);* polsterbildend; 30–50 cm hoch; fadenförmige, stielrunde Blätter; lockere Rispe mit feinen Ästchen, violett überlaufen, Ährchen bräunlich-violett (Juni–August); das häufigste Gras des Grunewaldes und daher – trotz circumpolarer Verbreitung – in Berliner Bescheidenheit „Grunewaldgras" genannt.

Lanzettliches Reitgras *(Calamagrostis canescens);* 60–100 cm hoch; Rispe schlaff; Granne meist so lang wie die Seitenspitzen der Deckspelze, gerade; große Bestände im Süden und Osten des Hundekehlefenn.

Drachenwurz, Schlangenkraut *(Calla palustris);* bis 40 cm hoch; Blätter lang gestielt, herzförmig, derb; Blütenkolben unten zwittrig, oben ♂, in weißer Scheide (Mai–Juli); Früchte rot; reiche Vorkommen früher am Grunewaldsee; giftig.

Schmalblättriger Rohrkolben *(Typha angustifolia);* 1–3 m hoch; Blätter grasgrün, oberständig gewölbt, 3–10 mm breit; ♂ (schwarzbraun) und ♀ (gelbbraun) Kolben etwa gleich lang, meist 3–5 cm voneinander entfernt; am Pechsee und an anderen Röhrichtzonen.

Breitblättriger Rohrkolben *(Typha latifolia);* bis 2,50 m hoch; blaugrüne Blätter flach, bis 20 mm breit; ♀ Kolben (zuletzt schwarzbraun) und ♂ berühren sich fast; besonders in den Verlandungszonen des Barssees.

Die Tierwelt:

Moorlibellen *(Leucorrhinia spec.)*. Obwohl infolge der geräumigen Grundwassernutzungen der Artenbestand etwa am Pechsee stark rückläufig ist, sind einige (u. a. die ansonsten seltene *L. albifrons* oder *L. dubia*) hier noch vorhanden.

Erdkröte *(Bufo bufo);* bis 14 cm groß (♀), ♂ kleiner; oberseits graubraun, unterseits heller; sehr warzig; Kopf breit, abgerundet; Pupille waagerecht, Iris gelb- bis kupferrot; schwerfällige Bewegungen, standorttreu; lebt tagsüber meist versteckt; Laichschnüre (März/April) in Wasserpflanzen gewunden 3–5 m lang (über 6000 schwarze Eier); in allen Feuchtgebieten.

Knoblauchkröte *(Pelobates fuscus);* bis 8 cm groß; oberseits hellbraun (♂) oder -grau (♀) mit braunen Flecken, unterseits schmutzig weiß; keine Schallblasen; Pupille senkrecht; Hinterfüße an der Ferseninnenseite mit scharfrandiger großer, gelbbrauner Grabschaufel; Laich (April/Mai) als kurze dicke Schnur; im Postfenn und am Pechsee; früher auch am Teufelssee sehr häufig.

Wasserfrosch, Teichfrosch *(Rana esculenta);* selten größer als 9 cm; grasgrün, selten braun; Kopf zugespitzt; große Schallblasen bläulich-weiß; Pupille waagerecht; Oberschenkel hinten gelb und schwarzbraun marmoriert; Laichzeit Mai/Juni, braune Eier in größeren Klumpen; besonders im Riemeisterfenn, aber auch in anderen Gewässern der Grunewaldseenkette.

Moorfrosch *(Rana arvalis);* bis 7 cm groß; oberseits braun, oft mit hellem Rückenband, unterseits gelblich; ♂ zur Laichzeit am Rücken himmelblau; Kopf spitz; Laichzeit März/April, Klumpen enthalten bis zu 2000 schwarze Eier; im Hundekehlefenn, am Teufelssee, überall sehr selten geworden.

Ringelnatter *(Natrix natrix);* bis 1,50 m (♀), ♂ meist kleiner; Rücken grau bis braun, unterseits weiß und schwarz; am Hinterkopf jederseits ein heller, meist gelblicher Mondfleck, dahinter ein ebensolcher schwarzer Fleck; eierlegend; harmloses Tagtier, das gern ins Wasser flüchtet; am Grunewaldsee.

Haubentaucher *(Podiceps cristatus);* 48 cm; schwärzliche Ohrbüschel; rostfarbene Krause an den Kopfseiten während der Brutzeit; Hals und Brust weiß, oberseits graubraun; ruft bellend, trompetend oder gackernd; brütet am Grunewaldsee, Schlachtensee, Krumme Lanke mit insgesamt 15–20 Paaren.

Höckerschwan *(Cygnus olor);* 1,52 m; orangefarbener Schnabel mit schwarzem Höcker an der Wurzel; Jungtiere braun; schwimmt mit gebogenem Hals und abwärts gerichtetem Schnabel; Flügelschlag laut singend; sehr gesellig; brütet in einzelnen Paaren an der Grunewaldseenkette.

Schwarzer Milan *(Milvus migrans);* 56 cm; Gefieder düster rotbraun, Schwanz schwach gegabelt; zur Brutzeit ziemlich laut, schreit trillernd, möwenartig; vor 20

Jahren noch 9–13 Horste im Grunewald, heute nur noch 1–2.

Baumfalke *(Falco subbuteo);* 30–36 cm; oberseits schiefergrau mit schwarzem Backenstreif und Ohrzacke; unterseits hell längsgestreift; „Hosen" und Unterschwanzdecken rostrot; ruft „kju", „kikiki"; bevorzugt lichte Wälder und kahles Kulturland; auch heute noch brüten 8–10 Paare im Grunewald.

Stockente *(Anas platyrhynchos);* 58 cm; ♂ mit grünglänzendem Kopf, weißem Halsring, dunkelbrauner Brust und hellgrauer Unterseite sowie weißer Schwanzlocke; ♀ braun gefleckt; ruft gedämpft „räb", „fihb" (♂) oder quakend (♀); rascher Flug; 35–40 Paare an der Grunewaldseenkette.

Bläßhuhn *(Fulica atra);* 38 cm große Ralle; schwarzes Gefieder, Schnabel und Stirnschild (Blässe) weiß; Beine blaugrün, Zehen mit breiten Schwimmlappen; nickt beim Schwimmen; ruft laut „kröw" oder hart „pix, pix"; nistet im Röhricht; 25–35 Paare an der Grunewaldseenkette.

Waldohreule *(Asio otus);* 35 cm; oberseits braun, längsgefleckt; unterseits mehr gelblich mit kräftigen dunklen Streifen und feiner Querbänderung; lange Federohren am eckigen Kopf; Augen orangegelb; tiefe „ku-hu-hu"-Rufe, stöhnend; im gesamten Grunewald 7 Paare.

Waldkauz *(Strix aluco);* 38 cm; Gefieder oberseits braun oder grau, Brust gelblichbraun mit deutlichen dunklen Streifen; großer, runder Kopf gestreift oder gefleckt, Augen schwarz, ohne Federohren; ruft laut „kju, wick"; mit ca. 25 Paaren verteilt über den gesamten Grunewald.

Schwarzspecht *(Dryocopus martius);* 46 cm; größter europäischer Specht; Gefieder schwarz; ♂ mit rotem Scheitel, ♀ nur mit rotem Nackenfleck; Ruf ein melodisches „Gück, gück", „kui, kui, kui"; brütet im Grunewald mit 12–15 Paaren.

Teichrohrsänger *(Acrocephalus scirpaceus);* 13 cm; oberseits einfarbig braun, Unterseite weiß mit gelbbräunlichen Flanken; heller unscharfer Augenring; ruft rauh „skarr", singt am Tage und in der Nacht „djack, djack, djack" oder „tiri, tiri, tiri; baut Nester im Röhricht an der Grunewaldseenkette (3–4 Paare).

Waldbaumläufer *(Certhia familiaris);* 12 cm; Gefieder oberseits braun mit rahmfarbenen Streifen; unterseits weiß; Hinterzehenkralle lang; ruft „tsit, tsit, tsit"; guter Baumkletterer ruckweise in Spiralen; im Grunewald sehr häufig.

Weidenmeise *(Parus montanus);* 11 cm; oberseits grau; Kopfplatte mattschwarz; großer Kehllatz; helle Armschwingensäume; ruft „dähdäh"; im Grunewald in allen Feuchtgebieten verbreitet.

Wasserfledermaus *(Myotis daubentoni);* Kopf-Rumpflänge 5 cm, Schwanzlänge 3,9 cm; oberseits rötlich-graubraun, unterseits grauweiß; lang- und kraushaarig; Ohren klein mit 4 Querfalten; Flughaut bis Mitte der Fußsohle reichend; Schwanzspitze ragt aus der Flughaut; gesellig; niedriger Flug kurz nach Sonnenuntergang; die Population im Grunewald umfaßt noch 100 Tiere.

Abendsegler, Speckmaus *(Nyctalus noctula);* Kopf-Rumpflänge 8 cm, Schwanzlänge 5 cm; oberseits rotbraun; unterseits heller; Ohrdeckel kurz, nach oben verbreitert; sehr hoher, gradliniger und rascher Flug schon ab dem Spätnachmittag; im Grunewald 50–100 Fledermäuse dieser Art.

Gelbhalsmaus *(Apodemus flavicollis);* Kopf-Rumpflänge 11 cm, Schwanzlänge 11 cm; oberseits rostbraun; unterseits (deutlich abgesetzt) weiß; gelblicher Kehlfleck; häufigste Maus im Gebiet.

Rötelmaus *(Clethrionomys glareolus);* Kopf-Rumpflänge bis 20 cm, Schwanzlänge 7 cm; Rücken braunrot oder dunkelbraun, Flanken grau; im Langen Luch in den hochstelzigen Wurzelstöcken alter Erlen.

Kartenmaterial:

Topographische Karten 1:25 000 Nr. 3445 Spandau und Nr. 3545 Teltow; Stadtpläne.

Nordrhein-Westfalen: Am Alten Rhein bei Bienen-Praest

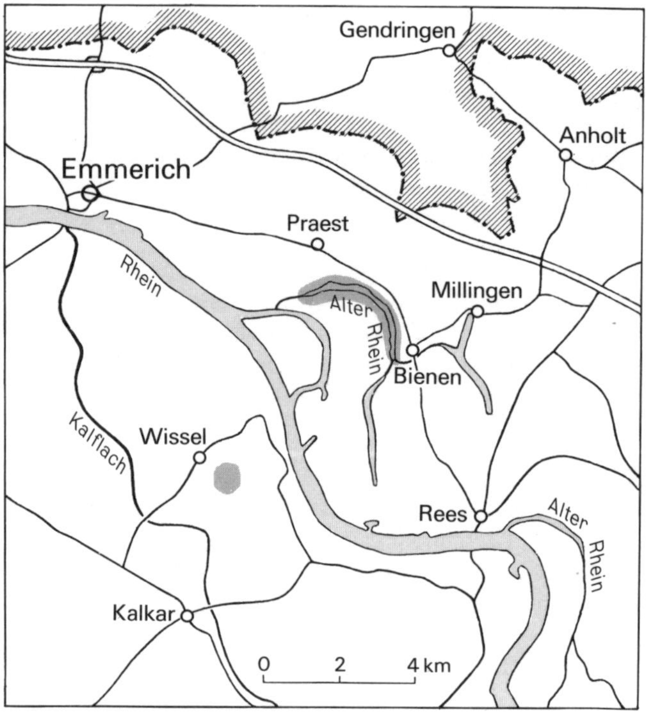

Bei der Abfahrt Bocholt-Rees verlassen wir die Autobahn Oberhausen-Arnhem in südwestlicher Richtung. Vor uns liegt die Niederrheinebene. Wir fahren zwischen saftig grünen Rübenfeldern, an bräunlichem Roggen und goldgelbem Hafer und Weizen vorbei. Baumgruppen, hinter denen sich einzelne Höfe verstecken, unterbrechen die Weite der Landschaft. Mächtige Pappeln ragen in den blauen Spätsommerhimmel, und Weiden zeigen uns im leichten Wind die silbrige Rückseite ihrer Blätter.

Wir nähern uns dem Ort Rees. Beiderseits der Straße liegen saftige Weiden, auf denen schwarzbuntes Jungvieh weidet. An der Straße, die kurz vor Rees nach Norden abbiegt, stehen Vogelbeerbäume mit vielen roten Fruchtbüscheln; sie führt zu dem kleinen Ort Bienen. Wie Inseln stehen die Häuser unter Linden und Obstbäumen in der flachen Landschaft. Bienen ist der Ausgangspunkt unserer Wanderung durch das Naturschutzgebiet „Alter Rhein bei Bienen-Praest“.

1969 wurde hier ein alter, vom Hauptstrom abgeschnittener Rheinarm unter Naturschutz gestellt. Er erstreckt sich von Bienen in nördlicher und nordwestlicher Richtung an Praest vorbei bis nach Dornick und ist nur im Nordwesten durch eine kleine Schleuse mit dem Rhein verbunden; das Gebiet hat eine Größe von etwa 340 ha. Wir suchen uns einen 4 km langen Wanderweg aus, der am östlichen Ufer des Altrheins zwischen dem Deich und der Uferzone von Bienen nach Praest verläuft.

Ein kleiner Fußweg, den zahlreiche Pflanzen der blauen Wegwarte *(Cichorium intybus)* säumen, führt uns auf die Deichkrone. Hier liegt der Altrheinarm vor uns wie ein langgestreck-

ter See, der sich in der Ferne verliert. Die Uferzonen sind dicht bewachsen. Um die Einzelheiten besser wahrnehmen zu können, steigen wir den Deich hinab ans Wasser.
Dabei erfahre ich, daß sich die Ufervegetation in den letzten Jahren so kräftig entwickelt hat, daß eine starke Verlandung des Altrheins die Folge war. In der Mitte des Bienener Altrheins bildete sich eine 1½ m hohe Faulschlammschicht. Dadurch verschlechterten sich die Lebensbedingungen für viele Süßwassertiere, für die Kleinkrebse und Schnecken. Jetzt überlegt man bereits, ob der Schlamm nicht vorsichtig aus der Mitte weggebaggert werden sollte, damit erneut eine größere freie Wasserfläche entsteht, die für Wassertiere und viele Vogelarten einen neuen Lebensraum ergibt.
Unten am Ufer erkennen wir durch einzelne, fast 2 m hohe Sumpf-Binsen *(Schoenoplectus lacustris)* zahlreiche Weiße Seerosen *(Nymphaea alba)* in der Mitte des offenen Wassers. In Ufernähe aber leuchtet es gelb zwischen kleinen, rundlich-herzförmigen Bättern. Die fünfzipfeligen, innen bärtigen Blüten der Seekanne *(Nymphoides peltata)* sind es, die immer ein bißchen zerknautscht aussehen. Wie lange habe ich sie nicht gesehen! Mehr als 40 Jahre muß es her sein. In diesem Altwasser wachsen sie noch zahlreich. Einige der schwimmenden Blätter zeigen ihre rötliche Unterseite.
Unmittelbar am Ufer ist es sumpfig. Unsere Füße sinken ein. Jeder Abdruck füllt sich schnell mit trübem Wasser. Nun können wir auch die Vegetation genauer erkennen. Außer den großen Binsen wächst hier der Rohrkolben. Es sind nicht die dicken Pompesel (Fruchtstände), sondern die viel selteneren Schmalblättrigen Rohrkolben *(Typha angustifolia)*. Dazwischen entdecken wir breite, hellgrüne, bandförmige Blätter. Einige sehen aus, als ob jemand sie sorgfältig gefaltet hätte, so daß sie jetzt leicht gewellt in die Luft ragen. Das kann nur Kalmus *(Acorus calamus)* sein. Ich gehe noch einen Schritt weiter. Vielleicht versteckt sich irgendwo einer der dicken grünen Bütenkolben.
Mit lautem Platschen springt ein grüner Wasserfrosch verschreckt ins Wasser und noch einer, dann ein dritter. Ich kann sie so schnell nicht erkennen und sehe nur noch ein ruderndes Bein zwischen den quirlständigen, dunkelgrünen Blättern des Gemeinen Tannenwedels *(Hippuris vulgaris)* verschwinden.
Ein durchdringendes „Kürrk“ ertönt. Das muß ein Teichhuhn *(Gallinula chloropus)* sein. Durch das Fernglas sehen wir es auf eine große Seerosenfläche zuschwimmen. Aufgeregt zuckt es mit dem Schwanz auf und ab. Jetzt hat das Teichhuhn die ersten Seerosenblätter erreicht und klettert mit seinen großen, grünen Füßen auf das nächste Blatt. Wir sehen die unregelmäßigen weißen Streifen an den Flanken des schwärzlichen Vogels aufblitzen, und schon ist er im Blättergewirr verschwunden. Beim Weitergehen schrecken wir dann immer wieder braune Grasfrösche auf.
Die Ufervegetation hat sich nun ein wenig verändert. Sie ist auf diesem Stück unseres Weges bunter geworden. Da wächst der über 1 m hohe Wasserschierling *(Cicuta virosa)* mit seinen

zartweißen Blütendolden und das große rosa behaarte Weidenröschen *(Epilobium hirsutum)*, das blaue Sumpf-Helmkraut *(Scutellaria galericulata)*, der Ufer-Wolfstrapp *(Lycopus europaeus)* mit seinen grob gezähnten Blättern und der Sumpf-Ziest *(Stachys palustris)* mit den hellpurpurnen Blüten. Dazwischen flechten sich die langen Stengel des Sumpf-Labkrautes *(Galium palustre)*, als suchten sie Halt bei den anderen Pflanzen.

Das schönste aber sind die vielen Libellen, die eifrig über die Pflanzenwildnis dahinfliegen. Ich kenne ihre wissenschaftlichen Namen nicht, aber ich erkenne dickleibige grüne Formen mit großen braunen Augen, zarte blaue und kleine dunkelblaue. Und alle flirren mit ihren gläsern wirkenden Flügeln durch das Stengel- und Blütengewirr.

Wieder verändert sich das Ufer. Der Wasser-Schwaden *(Glyceria maxima)* hat sich hier breit gemacht. Schön sehen die hellgrünen Blätter und die gelbgrünen lockeren Rispen dieses fast 2 m hohen Süßgrases aus. Die Pflanzen sind weit ins offene Wasser vorgedrungen und tragen zur Verlandung des Ufers bei. Die einzelnen Halme spiegeln sich so klar im Wasser, daß man unwillkürlich an eine japanische Tuschzeichnung denkt.

Der Deich kommt uns jetzt näher. Die Sonne beleuchtet den Hang. Wir steigen ein Stück aufwärts und stapfen durch Dornigen Hauhechel *(Ononis spinosa)*, der uns außer seinen langen spitzen Dornen auch noch ein paar rosarote Schmetterlingsblüten zeigt. Dazwischen eingestreut wachsen Feld-Mannstreu *(Eryngium campestre)* und einige Augentrostpflanzen *(Euphrasia officinalis)*. Ich gehe in die Hocke und schaue mir diese kleinen Braunwurzgewächse aus unmittelbarer Nähe an. Die weißen zweilippigen Rachenblüten sind violett gestreift und haben einen gelben Schlundfleck; sie werden von einem breiten grünen Tragblatt mit spitzen Zähnen gestützt.

Von unserem Standpunkt aus läßt sich der Altrhein gut überblicken. Weit hinter uns, hinter der Deichbiegung, liegt Bienen. Vor uns erkennen wir über der Deichkrone die Häuser von Praest. Das Wasser links von uns ist hier etwa 200 m breit. Auf der gegenüberliegenden Seite taucht eine Rohrweihe *(Circus aeruginosus)* auf. Sie fliegt flach über das Röhricht. Davor, im offenen Wasser, schwimmen Reiherenten *(Aythya fuligula)*. Das schwarzweiße Männchen ist leicht zu unterscheiden von den anderen. Durch das Fernglas entdecken wir sogar den herabhängenden Federbusch am Hinterkopf. Die sechs braunen Enten können Weibchen oder Jungtiere sein. Kurz darauf steigen mit lautem Flügelgeräusch etwa 20 weitere Enten auf, die wir im Gegenlicht aber nur undeutlich wahrnehmen.

Der Altrhein macht jetzt einen Bogen nach Westen. Die Mitte des Wasserarmes ist fast vollständig von Seerosen bedeckt. Auch Gelbe Teichrosen *(Nuphar lutea)* wachsen am Rande. Diese schwimmende Insel ist ein Brutplatz der Trauerseeschwalben *(Chlidonias niger)*. Bald sehen wir auch einige Seeschwalben in ihrem schwärzlich-grauen Federkleid. Sie fliegen hin und her bei der Jagd nach Insekten, stürzen sich auf die Oberfläche des Wassers, berühren kurz den Wasserspiegel und sind schon wieder hoch in der Luft.

Ruhig und gelassen schwimmt ein Schwan, gefolgt von zwei bräunlich-grauen Jungen, am jenseitigen Ufer entlang. Wir verfolgen die drei Vögel mit den Augen. Da ist doch etwas am Schilfrand? Mit unseren Ferngläsern beobachten wir den Röhrichtsaum. Mit lang aufgerichtetem Hals steht dort bewegungslos ein Graureiher *(Ardea cinerea)*. Als die Schwäne ihn erreichen, erhebt er sich mühelos und fliegt mit weit ausholenden Flügelschlägen landeinwärts davon.

Auf unserem letzten Wegstück auf Praest zu kommen wir an einem kleinen Kolk vorbei. Außer einer Uferschnepfe *(Limosa limosa)* ist kein Vogel an dem Wasserloch zu sehen. Froschbiß *(Hydrocharis morsus-ranae)*, Gemeiner Froschlöffel *(Alisma plantago-aquatica)*, Pfeilkraut *(Sagittaria sagittifolia)* und Schwanenblumen *(Butomus umbellatus)* spiegeln sich in dem klaren, sauberen Wasser. Wir sind am Ende unserer Wanderung.

Das Land

Das wirtschaftlich bedeutendste und außerordentlich dicht besiedelte Bundesland besitzt 241 Naturschutzgebiete mit einer Fläche von 15 864 ha (d. s. 0,46% der Landesfläche). Rund 32% der Landesfläche wurden zu Landschaftsschutzgebieten erklärt, und 13 Naturparke konnten als Erholungslandschaften ausgewiesen werden. Sie liegen nicht nur in den Mittelgebirgen, sondern auch am Rande der Ballungsräume in den Ebenen.

Nordrhein-Westfalen ist einerseits geprägt durch die Mittelgebirge des Rheinischen Schiefergebirges, des Teutoburger Waldes und des Wiehengebirges, andererseits durch die Tiefebenen der Niederrheinischen Bucht und des Münsterlandes. Während die Mittelgebirge überwiegend bewaldet sind, herrscht im Flachland – soweit die Flächen nicht durch Siedlungen und Industriegebiete bebaut wurden – eine intensive landwirtschaftliche Nutzung vor. In den Mittelgebirgen blieben wertvolle Lebensräume von Pflanzen und Tieren ungestört erhalten; sie sind jedoch durch eine intensive forstwirtschaftliche Nutzung, Siedlungserweiterung sowie durch den Straßenbau usw. bedroht. Im Flachland herrschen kleinräumige Biotope vor. Zahlreiche Lebensräume, meist gefährdeter Pflanzen und Tiere, wurden bedauerlicherweise in den letzten 30 Jahren zerstört.

Zu den größten Wandervereinen im Lande gehören der Sauerländische Gebirgsverein (ca. 43 000 Mitglieder), der Eifelverein (ca. 38 000 Mitglieder), der Eggegebirgsverein (ca. 3400 Mitglieder) und der Verein Linker Niederrhein (ca. 2700 Mitglieder).

Alter Rhein bei Bienen-Praest

Altrheinarm aus der Zeit der jüngsten holozänen Bildung des Niederrheins. Anmooriger, schlickiger Lehmboden mit einzelnen Flachmooren und einem breiten Schilfgürtel. Oft ist die Wasserfläche durch bewachsene Verlandungszonen unterbrochen; die Pflanzenwelt ist am Ufer und im Wasser üppig.

Vegetationskundlich und ornithologisch interessantes Naturschutzgebiet (340 ha groß).

Die Pflanzenwelt:

Weiße Seerose *(Nymphaea alba);* Blattstiele bis 3 m lang; Blätter rundlich; weiße Blüten 10–12 cm breit, 11–22 gelbe Narbenstrahlen (Juni–September); lieben nährstoffreiche Gewässer.

Gelbe Teichrose *((Nuphar lutea);* Blattstiele bis 3 m lang; Blätter breit-eiförmig; Blütendurchmesser 4 cm, gelb, Narbenscheibe in der Mitte trichterförmig vertieft (Juni–September); in nährstoffreichen Gewässern.

Zottiges Weidenröschen *(Epilobium hirsutum);* Nachtkerzengewächs; Stengel bis 1,50 m lang, ästig; Blätter halb stengelumfassend, scharf gezähnt; Blüten rotviolett (Juli/August); an Ufern, Gräben, in nassen Wiesen.

Gemeiner Tannenwedel *(Hippuris vulgaris)*; Blätter quirlständig; grünliche Blüten klein (Mai–August); in Gewässern.

Wasserschierling *(Cicuta virosa);* bis 1,20 m hoch; dicke, durch Querwände gekammerte Stengelbasis; sehr große Blätter 2–3fach gefiedert; Fiedern lanzettlich, gezähnt; Dolde reichblütig, weiß (Juni–August); an Ufern und Gräben; sehr giftig.

Seekanne *(Nymphoides peltata);* Schwimmblätter rundlich-herzförmig, oberseits dunkelgrün, unterseits graugrün bis rötlich-violett, seerosenähnlich; gelbe Blüten innen bärtig (Juli–August); in Schwimmblattgesellschaften; größtes europäisches Vorkommen dieser ansonsten ziemlich seltenen Pflanzen.

Sumpf-Helmkraut *(Scutellaria galericulata);* 15–50 cm hoher Lippenblütler; Blätter eiförmig-lanzettlich mit 4–8 Kerbzähnen; blauviolette Blüten in Paaren in den Achseln der oberen Blätter (Juni–September); in Verlandsgebieten an Ufern und an Gräben.

Sumpf-Ziest *(Stachys palustris);* bis 100 cm hoher Lippenblütler; Blätter länglich-lanzettlich, zugespitzt, grob gezähnt; purpurfarbene Blüten, Unterlippe mit dunkler Zeichnung (Juni–August); an Ufern und Gräben.

Ufer-Wolfstrapp, Gemeiner Wolfstrapp *(Lycopus europaeus);* bis 80 cm hoher Lippenblütler; Blätter lanzettlich, tief gezähnt; weiße Blüten innen rot punktiert, quirlständig in den Achseln der oberen Blätter sitzend (Juli–September); an Ufern und Gräben.

Gemeiner Froschlöffel *(Alisma plantago-aquatica);* 30–110 cm hoch; Luftblätter länglich bis eiförmig; weiße Blüten in Quirlen (Juni–September); in nährstoffreichen Gewässern.

Pfeilkraut *(Sagittaria saggitifolia);* bis 1 m hoch; Luftblätter tief pfeilförmig; weiße, am Grunde purpurne Blüten in 3zähligen Quirlen (Juni–August); Früchte kugelförmig; in nährstoffreichen Gewässern, an Ufern und Gräben.

Schwanenblume *(Butomus umbellatus);* Blätter grundständig, linealisch, 3kantig, 1 cm breit, bis 1 m lang; rötlichweiße, dunkelgeaderte Blüten in Dolden (Juni–August); in stehenden Gewässern; selten.

Sumpf-Binse, Gewöhnliche Teich-Binse *(Schoenoplectus lacustris);* bis über 3 m hohes Riedgrasgewächs; bis 1,5 cm dicke, runde Stengel; Blätter linealisch; Ährchen rotbraun; Frucht 3kantig; im Uferröhricht.

Seite 73:
Der Altwasser-Biotop mit Weißen Seerosen (Nymphaea alba) *und Sumpf-Binsen* (Schoenoplectus lacustris).

Seite 74:
Oft steht der Graureiher (Ardea cinerea) *lange Zeit bewegungslos am oder im Altwasser. Daß der Graureiher fischereischädlich wäre und deshalb fälschlich auch als Fischreiher bezeichnet wird, ist zwar eine weitverbreitete Meinung, die jedoch den modernen wissenschaftlichen Erkenntnissen nicht standhalten kann.*

Seite 75:
Ein Reiherenten-Paar (Aythya fuligula); *links das Weibchen, rechts das Männchen.*

Seite 76:
Der Altrhein bei Bienen-Praest hat das größte europäische Vorkommen der ansonsten ziemlich seltenen Seekanne (Nymphoides peltata; *oben*).

Unter Naturschutz steht die Weiße Seerose (Nymphaea alba; *unten*).

Wasser-Schwaden *(Glyceria maxima);* 90–200 cm hoch; Stengel aufrecht; Blätter hellgrün; dichte, reichblütige Rispe (Juli/August); im Uferröhricht und in nährstoffreichen Gewässern.

Kalmus *(Acorus calamus);* 60–125 cm hohes Aronstabgewächs; aromatisch riechend; Stengel 3kantig; Blätter linealisch, am Rande wellig; 4–10 cm langer Blütenkolben in blattähnlicher Scheide, kleine Blüten grünlich (Juni/Juli); an Ufern, Gräben, in nährstoffreichen Gewässern.

Schmalblättriger Rohrkolben *(Typha angustifolia);* 1–3 m hoch; grasgrüne Blätter 3–10 mm breit; ♂ (schwarzbraun) und ♀ (gelbbraun) Kolben etwa gleich lang, meist 3–5 cm voneinander entfernt; an Ufern und Gräben; ziemlich selten.

Die Tierwelt:

Brut- und Überwinterungsgebiet zahlreicher Vogelarten.

Reiherente *(Aythya fuligula);* 43 cm; ♂ Oberkörper schwarz, Kopf mit herabhängender Federhaube, Bauch weiß; ♀ bräunlicher; ♂ ruft „gü, gü, gü", ♀ „karr, karr"; auf flachen Gewässern mit reichlich Wasserpflanzen und dichter Ufervegetation; brütet im Schilf.

Graureiher *(Ardea cinerea);* 91 cm; Gefieder vorwiegend hellgrau, verlängerte Federn am Hinterkopf; langer, gelblicher Schnabel; ruft heiser „krälik"; im flachen Wasser der Uferzone; nistet kolonieweise auf hohen Bäumen oder im Röhricht; alle Reiher fliegen mit eingezogenem Hals.

Große Rohrdommel *(Botaurus stellaris);* 76 cm; Gefieder braungelb, lebhaft dunkelgestreift und -gebändert; lange Beine grün; bei Gefahr wird der Schnabel senkrecht hochgerichtet („Pfahlstellung"); ruft während der Balz laut und tief „prumb"; einzeln lebend im dichten Röhricht; hier auch nistend.

Rohrweihe *(Circus aeruginosus);* 48–56 cm großer ♂ großes rahmfarbenes Flügelfeld, Rücken schwarz; ♀ bräunlich; ruft kurz quakend „gätt"; versteckt lebend an überwucherten Flußufern, im dichten Schilfbestand; nistet im Röhricht.

Rohrweihe *(Circus aeroginosus);* 48–56 cm großer Greifvogel; Gefieder meist dunkelbraun; mit großen blaugrauen Flecken auf den Flügeln und fast gleichfarbenem Schwanz; ♀ Scheitel, Kehle und Schultern hell; Flug gaukelnd; ruft „quieäh"; in Rohrdickichten; baut große Bodennester, die von Wasser umgeben sind.

Teichhuhn *(Gallinula chloropus);* 33 cm große Ralle; Gefieder bläulichschwarz mit weißen Flankenstreifen und Unterschwanzdecken; Schnabel gelb mit breiter roter Basis und Stirnplatte; Beine grün mit rotem „Strumpfband" über dem Gelenk; ruft durchdringend „kürrk"; sehr häufig; nistet dicht an Ufern im Schutze von Gebüsch; nickt beim Schwimmen mit dem Kopf und zuckt mit dem Schwanz.

Uferschnepfe *(Limosa limosa);* 41 cm; Schnabel lang, dünn, schwach aufwärts gebogen; lange Beine; im Sommer Kopf, Hals und Brust rostbraun, Flanken und Bauch weiß, schwärzlich quergefleckt; großes schwarzes Band im weißen Schwanz, breite weiße Flügelbinde; Winterkleid grau; ruft im Flug „gritta"; lebt und nistet an Ufern und in feuchten Wiesen mit hohem Gras.

Weglänge:

Etwa 4 km.

Kartenmaterial:

Topographische Karten 1:25 000 Nr. 4204 Rees und Nr. 4104 Anholt.

Hessen: Urwald Sababurg

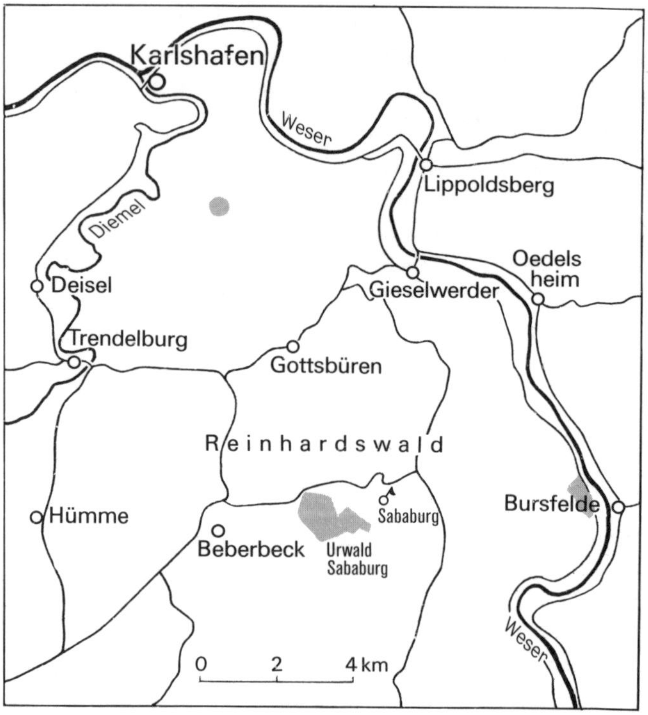

Auf einem Basaltkegel, der sich deutlich aus dem umliegenden Reinhardswald erhebt, steht die Sababurg. Dieses ehemalige Jagdschloß hat in der Geschichte Hessens viele Jahrhunderte eine Rolle gespielt. Es soll auch – so erzählt die Sage – das Schloß von Dornröschen gewesen sein.

Jetzt ist es ein herrlich gelegenes Hotel, in dem wir übernachten wollen. Zu Füßen der Burg liegt ein Wildpark, in dem Tiere gehalten werden, die hier einst heimisch waren, aber inzwischen in der freien Natur zum größten Teil ausgestorben sind. So sehe ich von meinem Fenster aus große Herden von Wisenten, Wildpferden, aber auch Dam- und Rotwild. Ruhig ziehen die Tiere dahin unter einzelnen alten Eichen und Buchen, die sich nach allen Seiten entwickeln konnten und Überreste des einstigen Hutewaldes sind. Sie rupfen Gräser, Kräuter und auch Blätter von jungen Sträuchern und Bäumen; jetzt im Herbst werden sie sicher besonders gern die Eicheln und Bucheckern fressen.

Ich versuche mir vorzustellen, wie es hier im Reinhardswald vor etwa 100 Jahren oder noch früher ausgesehen haben mag. Damals trieben die Bewohner der umliegenden Ortschaften ihre Rinder, Pferde, Schafe und Schweine in den Hutewald. Mit der Entwicklung moderner landwirtschaftlicher Methoden jedoch ging auch die Waldweidenutzung wieder zurück. Sich selbst überlassen, entwickelte sich hier in der Nähe der Sababurg ein Gelände zu einem Wald von urwaldähnlichem Charakter. Bereits 1907 wurden dann Teile des Gebietes auf Anregung mehrerer Maler unter Schutz gestellt.

In wenigen Minuten erreichen wir von der Sababurg aus mit dem Wagen auf der Straße nach Hofgeismar den Eingang des Naturschutzgebietes. Unter großen Rot-Buchen *(Fagus sylva-*

tica) gehen wir auf einem schmalen feucht-moorigen Pfad. Er ist dicht bewachsen mit der Zarten Binse *(Juncus tenuis)*, deren grasartige Blätter trotzig aufrecht stehen, als ob es ihr gar nichts ausmacht, daß so viele Füße über sie treten. Es handelt sich übrigens um einen Neueinwanderer aus Nordamerika, der noch nicht allzu lange zum festen Bestandteil solcher Trittgesellschaften bei uns gehört.

Wir gehen auf eine alte, etwa 250jährige Buche zu. Wie in einem Zelt stehen wir unter ihren Zweigen. In diesem Halbdunkel wächst nichts. Unsere Füße rascheln im alten Laub. Wo das dichte Kronendach des Baumes aufhört, hat sich ein Kreis von jungen Buchen gebildet; sie versuchen, zum Licht emporzuwachsen.

Ein Stückchen weiter steht eine alte Stiel-Eiche *(Quercus robur)*. Sie soll etwa 600 Jahre alt sein. Ihre mächtigen Zweige breiten sich gleichmäßig nach allen Seiten hin aus. Hier fand sicher das Weidevieh vor mehreren hundert Jahren schon einen schattigen Platz. Jetzt wachsen die violett überlaufenen fadenzarten Stengel der Draht-Schmiele *(Deschampsia flexuosa)* mit ihren kleinen Ährchen und die derben hellgrünen Blätter der Heidel- oder Blaubeere *(Vaccinium myrtillus)* unter dem Baum. Links und rechts des Weges stehen üppige Bestände des Adlerfarns *(Pteridium aquilinum)*, der hier fast mannshoch ist. Auf lichteren Stellen wächst der Salbei-Gamander *(Teucrium scorodonia)* mit seinen runzeligen Blättern und einigen gelblichen Blüten in lockeren Scheinähren.

Vor uns, schon von weitem sichtbar, liegt eine umgestürzte Buche. Im Fallen hat sie große Zweige mitgerissen. Am Stamm fehlt die Rinde fast vollständig. Grau und blank liegt das alte Holz frei. Überall aber drängt sich neues Leben hervor. Junge Buchen wachsen durch das alte Geäst, und eine Wild-Birne *(Pyrus communis)* hat sich mit ihren dornigen Ästen einen freien Raum gesucht.

Der Weg wird feuchter. Zwischen dem hohen Adlerfarn stehen nur wenige kleinere Bäume; einige Hänge-Birken *(Betula pendula)* und ein paar Faulbäume *(Rhamnus frangula)*.

Wenig später liegt eine große Eiche vor unseren Füßen. Der Stamm ist teilweise hohl; er zeigt schwärzliche Brandspuren. 1933 fiel ein Teil dieses Waldes einem Brand zum Opfer. Auch diese alte Eiche war davon betroffen, doch reckt sie immer noch einen Teil ihrer abgestorbenen Äste empor. Uns wird bewußt, daß in diesem Wald alles nach eigenen Gesetzen wächst und vergeht, solange der Mensch nicht eingreift und sich nur auf die Rolle des Beobachtens beschränkt.

Eine Schwarz-Erle *(Alnus glutinosa)* steht dicht am Weg. Sie hat mehrere Stämme. Wahrscheinlich sind es Stockausschläge. Auf der rissigen schwarzen Borke sitzen wie graue Spitzen viele Flechten, allen voran eine Blattflechte *(Hypogymnia physodes)*. Der Reinhardswald ist heute auch ein Rückzugsgebiet für viele selten gewordene Sporenpflanzen. Zwischen dem Adlerfarn grünt hier und da das Sumpf-Labkraut *(Galium palustre)*. Die schlaffen Stengel mit den Blätterquirlen stützen sich an dem Farnkraut.

Bald wird der Boden wieder trockener. Wir entdecken einige Buchen, deren Stämme hier und da miteinander verwachsen sind. Daneben liegen wieder alte geborstene Stämme. Ihre Rinde löst sich an einigen Stellen und rollt sich wie eine dicke Zigarre zusammen. Und hier, zwischen Stamm und Rinde, haben sich zarte Hutpilze, Schwindlinge, angesiedelt. Auf dunklem Stiel sitzt ein blaß gelbbrauner, zerbrechlicher Hut. Daneben wächst mit goldbraun gefärbten Lamellen ein Spaltblättling, und gleich nebenan kommt wie ein Brettchen ein graulila Konsolenpilz aus dem Stamm. An einigen heruntergefallenen Ästen entdecken wir noch mehrere gelbbraune Röhrenpilze. Dieser alte Buchenstamm ist wirklich eine Welt für sich.

Bis jetzt sahen wir nur Laubbäume. Nun steht aber zwischen Buchen und Hainbuchen *(Carpinus betulus)* eine herrlich gewachsene Fichte *(Picea abies)*, die bis zum Fuße pyramidenförmig aufgebaut ist. Ein Stück weiter wächst eine zweite mit ungewöhnlich lockeren, sanft herabhängenden Zweigen. In der Ferne ist eine Fichtenaufforstung zu erkennen. Vielleicht wurden die Samen hierhergetragen.

Bald erreichen wir ein wunderliches Waldstück. Wir verlassen den Weg und schauen uns um. Hier wachsen nur Hainbuchen. Aber wie sind ihre glatten grauen Stämme gedreht! Dicke Längswülste ziehen sich an den Stämmen herab und setzen sich in den mächtigen aufliegenden Wurzeln fort.

Eine Spinne hat sich zwischen den gedrehten Wurzeln ein raffiniertes Netz gesponnen, fein und zart, mit einer trichterförmigen Öffnung. Daneben liegt ein abgebrochener Zweig, auf dem es in dem Halbdunkel unter dem dichten Blätterdach türkis leuchtet. Beim Näherkommen zeigt sich das Blätterlager einer Becherflechte *(Cladonia digitata)*, das einen großen Teil des Astes überzogen hat. An einer kleineren Rot-Buche demonstriert ein Adlerfarn seine Klimmkünste. Er ist teilweise ein Spreizklimmer und benutzt die junge Rot-Buche als Klettergerüst, um mehrere Meter hoch zu wachsen.

Wir kommen langsam wieder in freieres Gelände. Hier stehen eine Buche und eine Hainbuche nahe beieinander. Unter der geschlossenen Krone der beiden Bäume wächst nichts. Aber ringsum steht ein Kranz von jungen Rot-Buchen. Sogar eine Kiefer ist von irgendwoher „angeflogen". Unter diesem dichten Dach riecht es stark nach moderndem Laub, nach Humus und nach Pilzen.

Wir haben unseren schmalen Weg wieder gefunden. Vor uns steht plötzlich einer der eindrucksvollen uralten Eichenbäume mit dem riesigen Stammumfang von etwa 7 m. Die Rinde der Eiche ist tief gespalten. Ich stecke meinen Finger in die senkrechten Furchen; er verschwindet gut zur Hälfte. Aber das Eindrucksvollste sind nicht der Stamm und die gewaltige Krone. Unser Blick bleibt etwa in Augenhöhe auf einer Krebswucherung hängen, die an einem der stärksten unteren Äste sitzt. Sie hat sicher einen Durchmesser von 1,50 m und mag von einem Schmarotzerpilz verursacht sein. Was sich da in grau-beige-braunen Farben

ringförmig entwickelt hat, ist von einer solch ausgewogenen Schönheit, daß man unwillkürlich an eine moderne Skulptur erinnert wird.
Einige Schritte weiter sehen wir ein stummes Drama. In einem aufgespaltenen Buchenstamm hat eine Fichte gekeimt. Sie ist etwa 1,50 m hoch geworden. Etwa vier Jahre mag sie gelebt haben; jetzt ist sie abgestorben. Aber die Buche wächst weiter.
Gegen Nachmittag steht die Sonne nun schon tiefer. Mücken summen um unsere Ohren. Vor uns liegt eine umgestürzte Birke, umgeben von schon leicht herbstlich verfärbtem Pfeifengras *(Molinia coerulea)*. Der Bülten ist wieder eine ganze Lebensgemeinschaft für sich. Ein kleiner Birkenzweig lebt noch und wächst bogenförmig aus dem Wurzelballen empor. Daneben stehen das Widertonmoos, Blaubeeren, Labkraut sowie ein winziges Laubmoos mit Sporenständen. (Im Reinhardswald soll es 93 verschiedene Moose geben!) Eine kleine Eberesche *(Sorbus aucuparia)* vom vorigen Jahr versucht das Erdreich zu finden. Und beim genauen Untersuchen des Wurzelbülten entdecke ich noch ein drittes Laubmoos, das wie Samt auf der mitgerissenen Erde liegt, und einige Pilze, Flechten sowie ein Lebermoos.
Ich kann mich noch nicht trennen von diesem Stückchen Lebensraum. Doch da steht bereits wieder ein schöner Perlpilz *(Amanita rubescens)*, der ein trockenes Blatt hochschiebt. An seinem bleichen Stiel nagt eine blaßgelbe Nacktschnecke.
Vor uns liegt ein frischer Windbruch. Den Weg versperrt eine in Augenhöhe abgebrochene Buche. Die üppigen Zweige sehen noch so frisch aus, als ob der Baum gerade erst gestürzt wäre. Er hat in 1 m Höhe vor Jahren ein neues Wurzelgeflecht gebildet, das aus dem alten vermoderten Stammstrunk neue Kräfte bekam. Nun stürzte alles zusammen.
Eine zweite schmalere Buche liegt nicht weit davon entfernt. Der Stamm ist ausgehöhlt und mit Moos bewachsen. Ein knallig-gelber Schleimpilz *(Fuligo septica)* fällt uns sofort auf. Als wir ihn näher betrachten, umsummen uns Holzwespen, die in der hohlen Buche gleich neben dem Schleimpilz ihr Nest haben. Auf einem Baumstumpf in der Nähe entdecken wir vier große Kartoffelboviste. Wir schneiden einen durch. Die Sporen in der Mitte sind schon ganz dunkel, aber sie stauben noch nicht.
Vor uns liegt wieder eine kleine Lichtung. Eine Birke hat bereits einzelne gelbe Blätter. Und die Abendsonne scheint auf ein Gestrüpp mit eiförmigen Blättern und vielen Dornen an den Zweigen. Ich erkenne, daß es eine Holz-Birne *(Pyrus communis)* und ein Holz-Apfel *(Malus sylvestris)* sind. Wir holen uns einige der Wildäpfel. Sie sind grasgrün, schmecken saftig und sehr, sehr sauer.
Wir sind längst vom Wege abgekommen. Vor uns liegt ein großes Feld von Adlerfarn, durchsetzt mit einzelnen Erlen. Ein schmaler Steig führt in den Farnwald. Das kann nur ein Rotwildwechsel sein. Und so trotten wir denn auf dem „Hirschweg“ ins hohe Grün. Nach einigen Metern sehen wir die dunkelbraune Losung der Tiere. Aber dann verlieren sich auch die Rotwildspuren. Mit den Armen bahnen wir uns vorsichtig einen Weg durch den hohen

Adlerfarn. Am Boden kann ich viele kleine Blättchen des Siebensterns *(Trientalis europaea)* entdecken. Der Farnwald wird immer dichter. Wir „schwimmen" fast im Farn. Es riecht streng und würzig; wir haben das Gefühl, weit weg vom Alltag zu sein.
Irgendwann kommen wir dann aber doch auf den Weg, der uns wieder zurückführt aus dieser Wunderwelt der alten Baumriesen, die da aufragend und geborsten, ausgehöhlt und umgestürzt für einige Stunden um uns waren.

Das Land

Hessen besitzt 122 Naturschutzgebiete, die mit 8404 ha 0,4% der Landesfläche einnehmen. Die Gesamtfläche der Landschaftsschutzgebiete beträgt 1031339 ha, das sind 48,85% der Landesfläche.
Es gehört – naturräumlich betrachtet – zur mitteldeutschen Gebirgsschwelle. Kernland ist das Hessische Bergland zwischen dem Rheinischen Schiefergebirge und dem Thüringer Wald, das etwa auf der Linie Frankfurt – Kassel von einer geologischen Störungszone, der Hessischen Senke, durchschnitten wird. Sie setzt den Oberrhein-Graben über die Wetterau nach Nordosten fort und ist in mehrere Einzelbecken gegliedert. Das Bundesland hat außerdem Anteil am Taunus, an der Oberrhein-Ebene, am Odenwald, Spessart, Westerwald und Weserbergland.

Urwald Sababurg

Alter Hutewald im Reinhardswald auf Buntsandstein mit unter Umständen über 600 Jahre alten Eichen und mächtigen Buchen (5 m Stammumfang und mehr). Kein Urwald im ursprünglichen Sinne, sondern forstlich seit etwa 70 Jahren nicht mehr genutzte Flächen. Teile des Gebietes seit 1907 geschützt; 1967 wurde das Naturschutzgebiet vom Wildgehege (hoher Schwarz- und Rotwildbestand) abgetrennt. Größe etwa 92 ha. Liegt circa 1,3 km nordöstlich von Hofgeismar (Kreis Kassel).
Floristisch und vegetationskundlich interessantes Gebiet.

Die Pflanzenwelt:

Adlerfarn *(Pteridium aquilinum);* sehr groß; Wedel 2–4fach gefiedert; Sporenhäufchen randständig; stellenweise in üppigen Beständen, besonders auf lichten und trockeneren Stellen.

Rundblättriger Sonnentau *(Drosera rotundifolia);* 5–10 cm; Blätter mit Drüsen, rund, langgestielt, rosettig; Blüten weiß (Juli/August); in anmoorigen Kleinseggenrasen; insektenfangende Pflanze.

Wild- oder Holz-Birne *(Pyrus communis)*; Baum oder Strauch, abstehende, meist dornige Zweige; Blätter rund; weiße Blüten, rote Staubbeutel (April–Juni); Früchte hart; in Gebüschen und Wäldern.

Wild- oder Holz-Apfel *(Malus sylvestris);* Blätter eiförmig gekerbt; Äste meist dornig und knorrig; Blüten rot überlaufen, gelbe Staubbeutel (Mai/Juni); kleine Früchte holzig; eingestreut in Wäldern und Gebüschen.

Schlehe, Schwarzdorn *(Prunus spinosa);* Dornstrauch

von 1–4 m Höhe mit kleinen weißen Blüten und kugeligen, schwarzblauen, bereiften, sehr sauren Früchten (April/Mai); die kleinen elliptischen Blätter erscheinen erst nach der Blüte; Waldränder (Südwestgrenze des „Urwaldes").

Sumpf-Veilchen *(Viola palustris);* 5–25 cm; Blütenstiel etwa in der Mitte mit zwei Vorblättern; Blätter rosettig zu 2–6; Blüten rötlichlila bis weiß (Juni/Juli); in moorigem Gelände.

Faulbaum *(Rhamnus frangula);* 1–4 m hoher Strauch; Blätter meist eiförmig; in den Blattachseln gelbgrüne Blüten, 5zählig (Mai/Juni); reife Früchte schwarzviolett, ungenießbar; in sumpfigen Schlenken.

Hainbuche *(Carpinus betulus);* bis 20 m hoher Baum mit glatter, grauer Rinde und gedrehten Längswülsten; Blätter eiförmig, doppelt gesägt; ♂ Blüten in hängenden Kätzchen (April/Mai); Flugfrüchte, die von einer grünen, später braunen Hülle umgeben sind.

Hänge- oder Warzen-Birke *(Betula pendula);* bis 20 m hoher Baum; Rinde weiß, rissig, wulstig; Blätter dreieckig-rhombisch, lang zugespitzt; ♂ Kätzchen hängend, ♀ Kätzchen aufrecht (April/Mai); geflügelte Nußfrucht; im Bruchwald vorherrschend.

Moor-Birke *(Betula pubescens);* bis 20 m hoch; Rinde weiß, querblätternd, meist glatt; junge Zweige und Blätter weich behaart; Blätter eiförmig, kurz zugespitzt; Fruchtkätzchen anfangs aufrecht, später hängend; im Bruchwald.

Schwarz-Erle *(Alnus glutinosa);* bis 25 m hoch; Rinde rissig, schwärzlich; Blätter rund, ungleich gesägt, an der Spitze stumpf oder ausgerandet; Knospen und junge Blätter klebrig; ♀ Kätzchen deutlich gestielt, zapfenförmig (März/April); in sumpfigen Schlenken, im Bruchwald vorwiegend.

Rot-Buche *(Fagus sylvatica);* bis 40 m hoher Baum; graue Rinde glatt; Blätter breit-eiförmig, jung bewimpert; ♂ Blüten in kugeligen, langgestielten Kätzchen, ♀ zu zweien auf langem Stiel (April/Mai); Früchte dreikantig („Bucheckern"); erreicht im Gebiet bis zu 5 m Umfang und mehr.

Stein-, Winter- oder Trauben-Eiche *(Quercus petraea);* bis 40 m hoher Baum; Blätter lang gestielt mit keilförmigem Grund; ♂ Blüten in dichten Trauben, Früchte (Eicheln) fast ungestielt; Jungeichen fehlen meist im Gebiet.

Stiel- oder Sommer-Eiche *(Quercus robur);* bis 35 m hoher Baum; Blätter kurz gestielt mit herzförmig-zweilappigem Grund; ♂ Blüten in lockeren, hängenden Trauben, ♀ Blüten achselständig; Frucht lang gestielt; im Gebiet z.T. mit 7 m Stammumfang, u.U. über 600 Jahre alt.

Siebenstern *(Trientalis europaea);* 10–20 cm hoch; Blätter lanzettlich, ganzrandig, die oberen rosettig gehäuft; weiße Einzelblüten blattachselständig, lang gestielt, meist 7lappig (Mai–Juli); obwohl in Hessen sonst selten, im Gebiet in reichen Beständen.

Salbei- oder Wald-Gamander *(Teucrium scorodonia);* bis 70 cm hoher Lippenblütler mit unangenehmem Geruch; Blätter gestielt, eiförmig, am Grunde herzförmig, runzelig; Blüten grünlichgelb in lockeren, schlanken Ähren (Juli–September); an lichteren Waldstellen sehr reichlich.

Roter Fingerhut *(Digitalis purpurea);* 40–160 cm hohes Braunwurzgewächs; Blätter eilanzettlich, gekerbt, unterseits graufilzig; purpurrote, seltener weiße Blüten bis 6 cm lang, fingerhutförmig, innen gefleckt und behaart (Juni–September); vor allem in der Krautschicht; giftig.

Zarte Binse *(Juncus tenuis);* 15–40 cm hoch; Stengel am Grunde mit langen, aufgerichteten Blättern; gelbgrüner, vielblütiger, endständiger Blütenstand (Juni–September); auf Fußwegen und in Gebüschen; Einwanderer aus Nordamerika.

Schmalblättriges Wollgras *(Eriophorum angustifolium);* bis 70 cm hoch; Stengel stielrund, Ährchenstiele glatt; Blätter 3–4 mm breit, oft rötlich überlaufen; zur Fruchtzeit weißwollige Köpfe; in feuchten Kleinseggenrasen.

Igel-Segge *(Carex echinata);* bis 40 cm hoch; Stengel 3kantig; Blätter graugrün, steif; 3–5 Ähren kugelig, Fruchtschläuche igelartig gespreizt (Mai/Juni); in der Krautschicht vorherrschend.

Pfeifengras *(Molinia coerulea);* horstbildend; Stengel bis 1,50 m hoch; Blätter blaugrün, schmale, bis 30 cm lange Rispe (August/September) meist schieferblau; in der Krautschicht vorherrschend.

Draht-Schmiele, Geschlängelte Schmiele *(Deschampsia flexuosa);* polsterbildend; 30–50 cm hoch; fadenförmige, stielrunde Blätter; lockere Rispe mit feinen Ästchen, violett überlaufen, Ährchen bräunlich-violett (Juni–August); in der Krautschicht vorherrschend.

Zwerg-Igelkolben *(Sparganium minimum);* schilfartige, bis 40 cm hohe Pflanze, meist ein Köpfchen mit ♂ und darunter 2–3 mit ♀ Blüten; Blätter 2–8 mm breit; in Kleinseggenrasen; selten.

Daneben zahlreiche Pilze, Flechten, Leber- und Laubmoose mit mehreren in Deutschland außerordentlich seltenen Arten.

Die Tierwelt:

Reiche Insektenfauna und Bodenleben; Schwarz- und Rotwildbestand.

Wanderkarten:

Topographische Karte 1:25000 Nr. 4423 Oedelsheim.

Bemerkungen:

Der Zugang zum Naturschutzgebiet ist an der Kreisstraße Sababurg-Hofgeismar möglich.

Seite 85–87:
Das Naturschutzgebiet „Urwald Sababurg" in Reinhardswald ist ein ehemaliger Hutewald mit zahlreichen eindrucksvollen Baumriesen. Über 400jährige Buchen und noch ältere Eichen sind die Überreste aus dieser Zeit der Waldweidenutzung. Neben einer teilweise stark entwickelten Kraut- und Strauchschicht verleihen sie dem Gebiet ein urwaldähnliches Aussehen.

Seite 86:
Links: In die mächtigen Bäume zimmert der Schwarzspecht (Dryocopus martius) *oft in beträchtlicher Höhe seine 50 cm tiefe Nisthöhle. Während das Männchen dieses größten europäischen Spechts einen roten Scheitel hat, besitzt das Weibchen nur einen dreieckigen Nackenfleck.*

Seite 88:
Besonders auf lichten und trockeneren Standorten finden sich im „Urwald Sababurg" reiche Bestände des Adlerfarns (Pteridium aquilinum).

Rechts unten: Auch der Siebenstern (Trientalis europaea) *wächst im Gebiet stellenweise sehr zahlreich.*

Rheinland-Pfalz: Die Eifelmaare bei Daun

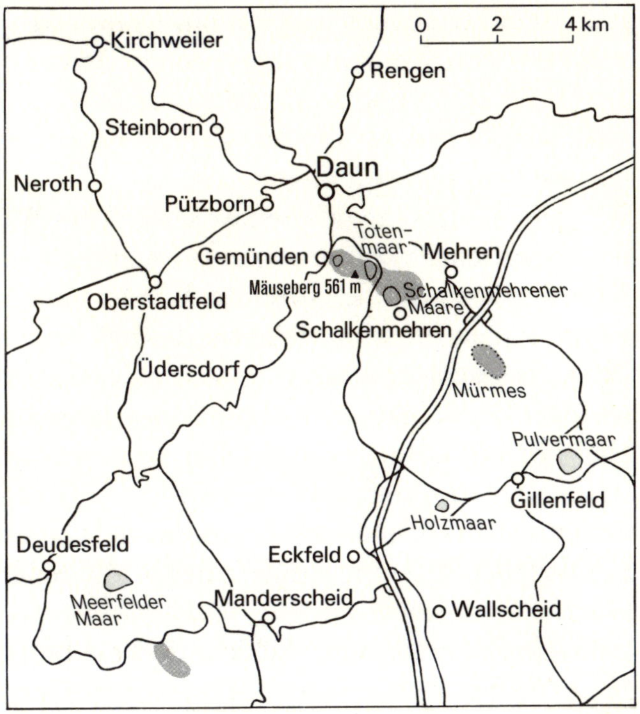

Das poröse dunkle Gesteinsstück, das ich in der Hand halte, ist sehr leicht und sieht fast einer Koralle ähnlich. Wie ich es auch drehe und wende, überall kann ich durch viele kleine Löcher hindurchschauen. Ich hebe einen neuen Stein auf; dieser hat eine warme rot-braune Farbe und zeigt viele Falten. Er erinnert mich an ein Stück Kuchenteig, das übereinandergeschlagen ist und ausgewalzt werden soll. Und dort liegt ein schwarzer Brocken. Die Masse, aus der er besteht, ist fester. Bewege ich ihn aber, so fangen viele kleine Plättchen zu flimmern und zu glänzen an, je nachdem, wie das Licht auffällt. In einer Ecke befindet sich ein besonders schönes Einsprengsel. Halte ich den Stein schräg, leuchtet dort eine fingernagelgroße Fläche wie ein tropischer Schmetterlingsflügel in einem grünlichen Blau. Was sind das für wunderliche Steine ringsum?

Wir stehen in einem Steinbruch in der Nähe von Daun in der Vulkaneifel – in einer Vulkan-

Seite 89:
Vulkangestein vom Totenmaar.

Seite 90/91:
Links: Diese Vulkanbombe wurde in der Wand einer Lavagrube gefunden. Ihre Höhe beträgt ca. 5–6 m, die Breite etwa 4 m; ihr Gewicht wird auf mindestens 75 t geschätzt.

Rechts: Das Weinfelder Maar (Totenmaar), im Hintergrund die aus dem 14. Jahrhundert stammende kleine Weinfelder Kirche über dem Nordufer; das Dorf verschwand während des 30jährigen Krieges. Im Vordergrund blüht der Besenginster (Sarothamnus scoparius).

Seite 92:
Die weißen Blüten des Wasser-Hahnenfuß (Ranunculus aquatilis) *zeigen sich von Mai bis August. Die Pflanze wächst in der Uferzone nährstoffreicher Maare.*

schlackengrube, durch die das Innere eines Vulkanberges aufgeschnitten wurde. Schon die ersten Schritte waren ein Erlebnis. Wir bogen von der Landstraße in eine kleine Zufahrt ein und standen plötzlich vor einer etwa 40 m hohen schwärzlich-braunen, viel gebänderten Wand.

In diesem Steinbruch arbeitet ein Mann. Mit einem großen Bagger holt er vom Fuße der aufgetürmten Wand das abgesprengte Material, fährt es zu einem Brecher, der in der Mitte der Grube steht, und zerkleinert dort das Gestein. Dieses wird von Lastwagen abgeholt und zum Straßenbau verwendet. Gerade ist ein Wagen mit der grobkörnigen Masse beladen worden und rumpelt davon.

Wir gehen langsam auf die fast senkrechte Wand zu, die immer höher zu werden scheint. Bei jedem Schritt knistert, knackt und bricht es, als ob wir auf Glasscherben laufen würden. Jetzt können wir die einzelnen Bänder und Schichten gut erkennen. Welche gewaltigen Kräfte haben hier vor vielleicht 10000 oder 20000 Jahren die Landschaft geformt!

Das Grundgebirge dieses Eifelgebietes entstand in der Devonzeit – also im Erdaltertum, und wurde in den folgenden 350 Millionen Jahren zu einer flachwelligen Landschaft abgetragen. Hier vor uns können wir ablesen, was in der Erdneuzeit geschah. Am Fuße der von Menschen angeschnittenen Wand befindet sich eine feine, fast staubförmige Schicht. Man vermutet, daß die Eruptionen zu Beginn viel Gas und Wasserdampf ausstießen und all die feinen Partikelchen fast ungehindert durch die Spalten und Klüfte des Grundgesteins mit sich brachten.

Über dieser feinkörnigen Schicht liegt ein Horizont mit Bruchstücken vom steinigen Untergrund und gröberen Sanden. Und darüber sind Stücke von zusammenhängender Lava, ein großes Fladengebiet zu erkennen. Dazwischen befinden sich mächtige devonische Gesteinsbrocken. Hier und da entdecken wir auch fast kugelförmige Gebilde. Manche haben nur einen Durchmesser von etwa 50 cm, mitten in der Grube aber liegt ein Koloß von 5–6 m Durchmesser. Es sind Vulkanbomben, Lavabrocken, die, einst ins flüssige Magma zurückgefallen – gedreht und gewendet, in ihrer jetzigen Kugelform ausgestoßen wurden.

Wir stehen unmittelbar vor der Wand. All diese Steine sehen so frisch aus, als ob der letzte Ausbruch erst vor kurzem stattgefunden hat. Wie klein kommen wir uns vor, in dieser Welt von Asche, Schlacke und Gesteinsbrocken! Und ich muß daran denken, daß in dieser Landschaft ja bereits Menschen wohnten, als die Naturkatastrophe über sie hereinbrach.

Wir legen den Kopf in den Nacken und sehen oben an der angeschnittenen Wand eine dünne Humusschicht und einzelne Baumsilhouetten gegen den Himmel. Dort brüten Turmfalken *(Falco tinnunculus)*. Wir erkennen mehrere Vögel, die vor der Wand mit schnellen Flügelschlägen hin und her fliegen, und hören ihr schrilles „Kli, Kli".

Dieser Blick in die Vergangenheit war eine gute Vorbereitung für unsere Wanderung zu einigen Eifelmaaren. Hier bekamen wir einen Eindruck von der Kraft, mit welcher die sanft gerundeten Kuppen und die steilen Kegel, die die Landschaft ringsum bestimmen, einst gebildet wurden.

Auf dem Weg zum Gemündener Maar erfahre ich, wie man sich die Entstehung der Maare denkt. Ich nahm an, daß die Maare Kraterseen – Öffnungstrichter eines Vulkanberges – seien. Doch jetzt höre ich, daß in der Endphase des Vulkanismus die Gaseruptionen durch einen Spalt oder Kanal des alten devonischen Grundgebirges Material verschiedener Größe herausschleuderten, so wie wir es an der Basis im Steinbruch gesehen hatten. Das ausgestoßene Material bildet einen ringförmigen Wall, der Kanal brach ein, und die Senke füllte sich später mit Regenwasser. Nun ist mir auch klar, warum die Maare verschieden hoch liegen. Jedes ist ja für sich entstanden, und es gibt keine Verbindung zwischen den einzelnen Seen.

Inzwischen sind wir, leicht bergan fahrend, zu einem Buchenhochwald gekommen. Wir steigen aus und gehen ein paar Schritte. Plötzlich öffnet sich der Blick, und tief unter uns liegt das Gemündener Maar. Ringsum ist es von steil abfallenden Hängen umgeben, die fast bis zum dunklen Wasserspiegel von dem Buchenhochwald bewachsen sind.

Durch das Fernglas erkenne ich unten unmittelbar am fast kreisrunden Gewässer ein paar Erlen. Aber es gibt da keine bewachsene Uferzone und keinen Zu- oder Abfluß. Das Wasser am Uferrand hat eine dunkelblaue Färbung, zur Mitte hin geht sie in ein tiefes Schwarz über.

Wir wandern auf einem kleinen Fußweg durch den Buchenwald auf den Mäuseberg zu, der zwischen dem kleinen Gemündener Maar und dem Weinfelder Maar oder Totenmaar liegt. Jetzt im Spätsommer ist unter den dicht belaubten Buchen kaum noch etwas von der Frühlingsflora zu entdecken. Links und rechts des Pfades stehen als einzige Farbflecken die hohen, hellgelb blühenden Stauden des Hain-Greiskrautes *(Senecio nemorensis)*.

Auf der rechten Seite unseres Weges wachsen Haselnußsträucher *(Corylus avellana)*. Sie haben einen breiten Streifen von Schlehen *(Prunus spinosa)* überwuchert, der fast schon abgestorben ist. Hier verändert sich die Landschaft langsam.

Nachdem jahrhundertelang Holz geschlagen wurde und man auf den Waldblößen Schafe weiden ließ, verödeten viele Gebiete so sehr, daß im letzten Jahrhundert die kahlen Bergeshöhen häufig aufgeforstet werden mußten. Da die Schafzucht zurückging, bildeten sich an manchen Ödlandflächen wieder die ursprünglichen Waldgesellschaften. Damit verändert sich aber sicher auch die herbe Ginster-Heide-Landschaft um die Maare herum allmählich (Sukzession).

Wir haben die Spitze des Mäusebergs erreicht. Über kleine runde Lavabröckchen (Lapilli), die – kaum bewachsen – den Boden bedecken, gehen wir zum Dronketurm und steigen auf die obere Plattform. Der wunderschöne Blick von hier oben ist vielfältig. Vom Gemündener Maar sehen wir nur noch einen Ausschnitt im Buchenwald. Doch vor uns liegen gleich zwei Maare. Näher, in einem Kranz von Sträuchern, befindet sich das Totenmaar. Weiter entfernt erkennen wir das Schalkenmehrener Doppelmaar. Wir sind von der abwechslungsreichen Landschaft der Vulkaneifel umgeben und sehen bewaldete Kuppen, steile Kegel, überwachsene Täler und abgeschliffene Hügel und dazwischen ein vielfältiges Muster von Acker- und Grünland. In der Ferne scheint im zarten Blau der Hunsrück an diesem klaren Tag zu uns herüber.

Vom Dronketurm aus überqueren wir ein freies Feld und kommen an den Hang, der zum Totenmaar hinunterführt. Der Streifen von Besenginsterbüschen *(Sarothamnus scoparius)*, Schleh- und Weißdorn reicht bis an das Wasser.

Wir nehmen einen kleinen Fußweg, der uns zu einer Landstraße bringt, die zwischen dem Totenmaar und dem Schalkenmehrener Maar hindurchführt. Die Straße liegt hoch über den Seen und auf dem harten Sattel aus Devongestein. Hier wird sogleich augenfällig, wie verschieden hoch die Wasserspiegel der Maare sind. Das Totenmaar links liegt ungefähr 60 m höher als das Maar auf der rechten Straßenseite.

Von diesem Punkt aus erkennt man auch, daß das Schalkenmehrener Maar ein Doppelmaar ist. In dem Wasser spiegeln sich weiße Wolken und die bunten Zelte und Wohnwagen, die am Ufer vor dem kleinen Ort Schalkenmehren aufgestellt sind. Nördlich des Sees ist ein dichtes ovales Gestrüpp von Weiden und Schilf zu erkennen. Dieses Gebiet ist das älteste der Dauner Maare und fast schon verlandet. Die Hänge rings um die beiden Maare werden landwirtschaftlich genutzt. Die Äcker reichen fast bis an unseren Standort an der Straße heran.

An einer dekorativen, leuchtend purpurrot blühenden Nickenden Distel *(Carduus nutans)* vorbei klettern wir von der Straße abwärts auf einen schmalen Weg und erreichen bald das Seeufer des Totenmaares. Keine Pflanze wächst am Ufer. Man kann tief in das saubere, klare, nährstoffarme Wasser sehen. Ringsum sind wir eingeschlossen von den mager mit Ginster und Schlehen bewachsenen Hängen. Alles ist ruhig und fast bewegungslos. Nur weiße Wolkenflocken segeln ganz langsam am Himmel und als Spiegelbild über dem Wasser dahin. Vor uns am Ufer steht ein alter Vogelbeerbaum *(Sorbus aucuparia)*. Durch seine flechtenüberzogenen Zweige mit den vielen roten Beerenbüscheln entdecken wir in einem Kranz von Bäumen am anderen Ufer die alte Kirche aus dem 14. Jahrhundert. Sie gehörte zu dem Dorf Weinfeld, das seit dem Dreißigjährigen Krieg verschwunden ist.

Wir wandern am Ufer entlang und freuen uns an der Stille und an dem Frieden, die hier unten am Maar herrschen. Daß es hier nicht immer so ruhig ist, zeigt uns eine Waldkiefer *(Pinus sylvestris)*, an der wir vorbeiwandern. Breit spreizt sie ihre Äste aus. Einige Zweige sind von der Schneelast der letzten Winter abgebrochen und ragen verletzt in die Luft. Ich denke an die traurigen Gedichte und schaurigen Sagen, die sich um die Maare ranken, und freue mich, daß wir diese Landschaft, in der wir die formenden Kräfte der Natur besonders nahe und stark spüren, an einem so heiteren Tag erleben konnten.

Das Land

Die 110 Naturschutzgebiete des Bundeslandes Rheinland-Pfalz haben eine Gesamtfläche von 7205 ha, die 59 Landschaftsschutzgebiete von 663 600 ha.
Rheinland-Pfalz umfaßt den größten Teil des Rheinischen Schiefergebirges. Der Mittelrhein trennt die östlich gelegenen Gebirge, Westerwald und Taunus, von den westlichen. Dort liegt die tiefeingeschnittene Mosel mit ihren Mäandern zwischen der Eifel im Norden und dem Hunsrück im Süden. Den Südteil bildet das gesteinsmäßig bunte Saar-Nahe-Berg- und Hügelland mit Porphyrdurchbrüchen, durch die Kaiserslautener Senke geschieden von den Muschelkalk- und dichtbewaldeten Buntsandsteinflächen des Pfälzer Waldes. Mit ihm besitzt das Land das größte zusammenhängende Waldgebiet in der Bundesrepublik Deutschland. Auch der Nordwesten der Oberrheinebene gehört noch zu Rheinland-Pfalz.
Die bekanntesten und größten Wandervereine im Land sind der Pfälzerwald-Verein (21 500 Mitglieder), der Westerwaldverein (3600 Mitglieder) und der Hunsrückverein (2400 Mitglieder); sie zusammen betreuen ein Wanderwegenetz von über 12 000 km. Auch der in Nordrhein-Westfalen beheimatete Eifelverein hat rund 17 000 Mitglieder in Rheinland-Pfalz.

Dauner Maare

Tiefe, wassergefüllte Einsenkungen vulkanischen Ursprungs, die zusammen mit den benachbarten Vulkankuppen den Landschaftscharakter prägen und deshalb als Naturschutzgebiete ausgewiesen sind (Fläche ca. 229 ha); auch vegetationskundlich und zoologisch interessant.

Gemündener Maar: 406 m ü. M.; 7,2 ha, 39 m tief. Liegt 1,5 km südlich von Daun in der zentralen Eifel. Es ist das kleinste der Dauner Maare und jünger als die Schalkenmehrener Maare. Die steil abfallenden Hänge sind mit Buchen bewachsen.

Weinfelder- oder Totenmaar: 484 m ü. M.; 16,8 ha, 51 m tief. Liegt östlich vom Mäuseberg (561 m). Nährstoffarmes Gewässer mit geringem Pflanzenbestand. Jüngstes der Dauner Maare. An seiner Nordflanke befindet sich eine kleine Kirche aus dem 14. Jahrhundert.

Schalkenmehrener Doppelmaare: 420 m ü. M.; das westliche ist 21,6 ha groß, bis 21 m tief und hat einen reichen Pflanzenbestand; beim östlichen handelt es sich um ein Verlandungsmoor. Ältestes der Dauner Maare. Die Hänge liegen heute zumeist brach mit einsetzender Pflanzensukzession.

Ornithologisch interessant ist das verlandete Maar *Mürmes* (406 m ü. M.), das erst 1975 zum Naturschutzgebiet erklärt wurde; es liegt zwischen Schalkenmehren und Ellscheid. Früher befand sich hier ein durch einen Damm aufgestauter Weiher. Es hat eine Länge von über 1000 m und eine Breite von 415 m.

Die Pflanzenwelt:

Sumpf-Schachtelhalm *(Equisetum palustre);* bis 4 mm dicke Sprosse deutlich gerippt und meist verzweigt; in den Verlandungszonen, besonders im östlichen Schalkenmehrener Maar.

Teich-Schachtelhalm *(Equisetum fluviatile);* bis 8 mm dicke Sprosse nur gerillt, meist einfach oder nur unregelmäßig quirlig verzweigt; in den Verlandungszonen, besonders im östlichen Schalkenmehrener Maar.

Wasser-Hahnenfuß *(Ranunculus aquatilis);* rundlich-nierenförmige Schwimmblätter 3- bis 5spaltig, fein zerteilte Unterwasserblätter; weiße Blüten (Mai–August) etwa 2 cm im Durchmesser; in der Uferzone nährstoffreicher Maare.

Besenginster *(Sarothamnus scoparius);* Zwergstrauch mit rutenförmigen, kantigen Zweigen; Blätter klein, unterseits behaart, große, gelbe Blüten (Mai–Juli); an den Maarhängen (u. a. Weinfelder und Schalkenmehrener Maare) große Vorkommen („Eifelgold“), leider als Zwischenglied der Sukzessionsfolge im Rückgang.

Quirlblättriges Tausendblatt *(Myriophyllum verticillatum);* Blätter mit bis zu 35 borstlichen Fiedern, Blätterquirl 5zählig; aufrechte, kleine rosafarbene Blüten (Juni–August); in der Uferzone im nährstoffreichen westlichen Schalkenmehrener Maar.

Einjähriges Knäuel *(Scleranthus annuus);* Blätter blaugrün, Blüten (Mai–September) in dichten Knäueln; auf der Umwallung des Weinfelder Maares.

Bittersüßer Nachtschatten *(Solanum dulcamara);* Stengel am Grunde verholzt, kletternd; Blätter breit lanzettlich; violette Blüten (Juni–August) doldigtraubig; glänzend-rote Beeren; an feuchten Standorten am Schalkenmehrener Maar.

Kanadische Wasserpest *(Elodea canadensis);* oft stark verzweigt, bis 50 cm große Pflanze, Blätter in meist 3zähligen Quirlen; Einzelblüten (Mai–August) weiß; im nährstoffreichen Schalkenmehrener Maar.

Wasserschraube *(Vallisneria spiralis);* nur männliche Pflanzen; Blätter lang bandförmig, flutend; kurzgestielte, geknäuelte Blüten (Juni–September); im nährstoffreichen westlichen Schalkenmehrener Maar, aber selten (Heimat: Tropen, Subtropen).

Krauses Laichkraut *(Potamogeton crispus);* Blätter länglich, wellig kraus, untergetaucht; geschnäbelte Früchte am Grunde miteinander verwachsen; Laichsubstrat für verschiedene Wassertiere; im Schalkenmehrener Maar.

Zierliches Schillergras *(Koeleria macrantha);* graugrüne, schmale Blätter meist eingerollt; Ährchen 3-blütig (Mai–August), schmale Rispe 10 cm lang; auf der Umwallung des Weinfelder Maares.

Breitblättriger Rohrkolben *(Typha latifolia);* bis 2,50 m hoch; blaugrüne Blätter flach, bis 20 mm breit; ♀ Kolben (zuletzt schwarzbraun) und ♂ berühren sich fast; am Schalkenmehrener Maar.

Die Tierwelt:

Kleiner Perlmutterfalter *(Issoria lathonia);* rotgelb mit schwarzbraunen Flecken; Hinterflügel auf der Unterseite mit tropfenartigen Silberflecken; besonders im August im Ödland und an den Maarhängen häufig.

Wasserralle *(Rallus aquaticus);* 28 cm; langer, roter Schnabel; dunkelbraune, schwarz gestreifte Rückenflügel; Flanken mit schwarzweißer Bänderung; ruft „gib, gib, gib", klingt quiekend, tief brummend; in dicht bewachsenen Schilfgürteln (hier auch regelmäßig brütend).

Bekassine, Sumpfschnepfe *(Gallinago gallinago);* 27 cm; Schnabel lang, im Flug abwärts gerichtet; Rükken schwarz und rotbraun mit deutlichen gelblichen Streifen; Zickzackflug mit rätschenden Rufen beim Auffliegen; äußere Steuerfedern erzeugen beim Balzflug das „Meckern"; regelmäßiger Brutvogel in Seggen und im Schilfgürtel (auch im Mürmesmaar).

Waldohreule *(Asio otus);* 36 cm; Nachtvogel, orangegelbe Augen; braune Längsfleckung; lange Federohren; Ruf ein tiefes „Hu, hu, hu"; in bewaldetem Gelände an den Talhängen.

Wiesenpieper *(Anthus pratensis);* 15 cm; oberseits olivfarben, Brust weißlich mit zahlreichen Längsstreifen; Ruf ein kurzes „Ist", evtl. wiederholend; auf freien Flächen, in einem Talbereich der Maare und am Mürmesmaar.

Braunkehlchen, Wiesenschmätzer *(Saxicola rubetra);* 13 cm; Rücken braun mit dunklen Streifen; unterseits gelblich; dunkle Wangen, heller Überwangenstreif; „tick, tick" rufend; regelmäßiger Brutvogel am Mürmesmaar.

Rohrammer *(Emberiza schoeniclus);* 15 cm; Rücken dunkelbraun, schwarz gestreift; beim ♂ Kopf und Kehle schwarz mit weißem Halsband (im Sommer), ♀ mit schwarzweißlichem Bartstreif; Stimme ein lautes „Zieh", Gesang „zia, tit, tai, zier, zississ"; im Röhricht, hier auch regelmäßig brütend.

Sumpfspitzmaus *(Neomys anomalus);* Kopf-Rumpflänge 7,5 cm, Schwanz 5 cm; spitze Schnauze; oberseits dunkelbraun, Bauch weiß; Zehen und Hinterfüße mit Schwimmborsten; nicht streng ans Wasser gebunden; an allen Dauner Maaren.

Geologie:

Maare: mundartlicher Ausdruck aus dem Dauner Raum für wassergefüllte Vulkantrichter. Seit dem 19. Jahrhundert als internationale Typusbezeichnung für

vulkanische Erscheinungen dieser Art in die Geologie übernommen.
Mit der Hebung des Rheinischen Schildes seit 1 Mio. Jahren traten an tektonisch schwachen Stellen der Erdkruste vulkanische Erscheinungen in mehreren Phasen auf. Der Maarausbruch als jüngste Phase ist durch Gasexplosionen ohne Lavaausfluß gekennzeichnet. Dabei sind Erdspalten aufgebrochen und in große Tiefen erweitert worden. Nach Einbruch der Wände dieser Förderkanäle haben sich die ursprünglichen engen Explosionstrichter unten verschlossen und oben wannenförmig erweitert („Einbruchstruktur").
Bei den Gasexplosionen wurde neben devonischem Randgestein auch Magma in kleinen erstarrten Formen (Lapilli) herausgeschleudert.
Einschlüsse von Augit, Hornblende, Biotit, Magnetit, Feldspat, Apatit usw.
Die Dauner Maare sind in der geologischen Jetztzeit erst zwischen 9000 und 8500 v. Chr. entstanden! Noch heute tritt Kohlensäure an vielen Stellen der Nachbarschaft aus.

Kartenmaterial:

Topographische Karten 1:25 000 Nr. 5806 Daun und Nr. 5807 Gillenfeld.

Bemerkungen:

Der ungehinderte Zutritt zu allen Maaren führt zur Konzentration des Tourismus und der Gefahr einer Beeinträchtigung der Landschaft. Deshalb sind Steuerungsmaßnahmen erforderlich. Der Wassersport ist nur am Gemündener und Schalkenmehrener Maar zugelassen; das Weinfelder Maar (Totenmaar) bleibt Ruhezone für Wanderer.

Saarland: Am Wolferskopf bei Haustadt

Kohlenzechen, Hütten, Fabriken: das ist das Saarland nun wirklich nur zu einem Teil.

Wir haben die Autobahn bei Trier verlassen und fahren auf der Bundesstraße 52 nach Süden in Richtung Saarbrücken. Es ist ein herrlicher Sommertag. Am tiefblauen Himmel ziehen nur einzelne weiße Wolken langsam über uns dahin. Sanft gewellte Felder liegen auf beiden Seiten des Weges in vielen Grün- und Gelbtönen, wie ein bunt gemusterter Fleckerlteppich. Vor uns tauchen waldreiche Höhen auf, die wir schnell erreichen. Am Straßenrand und an den lichteren Stellen im Wald stehen wie Fackeln viele rote Fingerhüte. Wenn der Wald den Blick freigibt, sehen wir zwischen den Feldern kleine Ortschaften, die sich an die Hänge kuscheln.

Unser Ziel ist Merzig an der Saar. Dort erwartet uns ein älterer Herr, der sich seit vielen Jahren um den Naturschutz im Saarland verdient gemacht hat. Er will uns im Schutzgebiet Wolferskopf zu ausgedehnten Halb-Trockenrasen (Mesobrometen) führen. Der Wolferskopf liegt in dem Dreieck Merzig – Beckingen – Honzrath. Es ist ein etwa 400 m hoher Berg mit bewaldeter Kuppe, der aus Muschelkalk aufgebaut ist.

Auf einem alten Feldweg kommen wir mit dem Wagen bis zur halben Höhe. Nach dem Aussteigen blinzeln wir in die grelle Sommersonne, an die wir uns erst gewöhnen müssen. Vor uns liegt ein Hang mit alten Obstbäumen, die aber wohl kaum noch recht Früchte bringen; viele tote Äste ragen blätterlos in den Himmel. Zwischen niedrigen dornigen Schlehdornbüschen *(Prunus spinosa)*, die uns kaum bis zum Knie reichen, steigen wir vorsichtig durch einen bunten Blumenteppich. Die Glockenblumen fallen am meisten auf. Gleich drei verschiedene Arten stehen hier beisammen. Die Acker-Glockenblume *(Campanula rapunculoides)* läßt ihre vielen Glöckchen am Blütenstand wie kleine Flaggen nach einer Seite wehen.

Daneben hängen die dunkler violetten rundlichen Blüten der Rundblättrigen Glockenblume *(Campanula rotundifolia)* auf fadendünnen Stielen. Und etwas abseits erhebt sich blaß-lila und elegant die Rapunzel-Glockenblume *(Campanula rapunculus)*.
Die Kleine Bibernelle *(Pimpinella saxifraga)* mit ihrem zart gefiederten Blattwerk bietet ihr Weiß an und die Feinblättrige Wicke *(Vicia tenuifolia)* ein rötliches Violett. Dazwischen wächst die Pflanze, die diese kalkigen Trockenrasen besonders liebt, die Fieder-Zwenke *(Brachypodium pinnatum)*, ein Gras mit hellgrünen Blättern und steif empor gerichtetem Blütenstand.
Ein plötzlicher heller Vogelruf läßt uns aufsehen. Wir können den Vogel nicht erkennen; er ist schon in der Ferne verschwunden. Aber er hat uns dazu gebracht, weit auf die grünen Wellen dieser schönen Landschaft zu blicken. Friedlich und ruhig liegt ein kleines Weizenfeld vor uns. Zwischen den kräftigen kurzen Halmen ist Gelb und Rot zu sehen. Die gelbe Wiesen-Platterbse *(Lathyrus pratensis)* kann ich leicht erkennen. Aber das Rote? Es ist ebenfalls eine Platterbse. Das ist sicher. Aber welche? Unser freundlicher Führer mustert lange die leuchtend purpurroten Blüten mit den schmalen Blättern. Dann sieht er uns der Reihe nach an. Lächelnd sagt er: „Gras-Platterbse"! *(Lathyrus nissolia)*. Ein Neufund in dieser Gegend. Entdeckerfreude zeigt sich auf seinem Gesicht. Sicher ist es nichts Weltbewegendes. Aber der Gedanke, daß dieser hübsche Schmetterlingsblütler hier bisher noch nicht beobachtet wurde, bereitet uns allen große Freude.
Wir stapfen weiter. Der Hang wird steiler. Einzelne Kalkbrocken gucken aus dem Boden. Die Sonne brennt. Aber wir achten nicht darauf. Denn hier auf dem durchwärmten Boden ist eine solche Fülle von Pflanzen zu sehen, daß man nicht weiß, wohin man zuerst blicken soll. Wollte ich sie alle aufzählen, es würde eine lange Liste werden, von vielen Namen, von

Seite 101:
Das Naturschutzgebiet Wolferskopf ist durch zahlreiche Orchideenarten gekennzeichnet. Hier wachsen auch das Purpur- (Orchis purpurea) *und das Helmknabenkraut* (Orchis militaris)*; beide Pflanzen sind kalkliebend.*

Seite 102:
Die sehr seltene Hummel-Ragwurz (Ophrys fuciflora) *bildet eine Population* (var. coronifera), *die in Mitteleuropa bisher nur am Wolferskopf gefunden wurde. Die bizarre Blüte erinnert an eine Hummel.*

Seite 103:
An Waldrändern und zwischen lichtem Gebüsch leuchten im Herbst die roten Beeren (giftig!) der Schmerwurz (Tamus communis). *Ihre herzförmigen Blätter winden sich um abgestorbene Äste zum Licht.*

Seite 104:
Nördlich der Alpen findet man die raubgierige Gottesanbeterin (Mantis religiosa) *nur auf Wärmeinseln, wie hier am Wolferskopf. Ihre dornenbewehrten Vorderbeine sind zu Fangbeinen umgewandelt. Die Fangschrecke ernährt sich von anderen Insekten, und nach der Begattung verzehrt das etwas größere Weibchen (im Bild) in der Regel sogar ihren Partner.*

allen Regenbogenfarben, von zarten Formen und derben Gestalten, von Ranken, Stacheln und zitterndem Gras. Doch immer fängt sich der Blick an einigen eigenwilligen Pflanzen. Da ist der zerbrechliche Purgier-Lein *(Linum catharticum)*, der einige Stellen wie mit einem weißen Schleier bedeckt. Da sind die Samenstände des Wiesen-Bocksbartes *(Tragopogon pratensis ssp. orientalis)*, die mit ihren duftig grauen Fallschirmchen über der ganzen Pracht schweben. Und da sind vor allem die Einzelgänger, die Orchideen. Als erstes steht eine Zweiblättrige Waldhyazinthe *(Platanthera bifolia)* vor uns. Ihr üppiger Blütenstand ist fast ausgeblüht. Nur die obersten zwei Blüten haben noch ihr porzellanfarbiges Weiß und zeigen ihren langen Sporn. Verblüht ist gleichfalls die Berg-Kuckucksblume *(Platanthera chlorantha)*. Einige Schritte weiter entdecken wir ein Helm-Knabenkraut *(Orchis militaris)*. Seine hellpurpurnen Blüten sind längst vergangen; es blüht ja schon im Mai/Juni. Wir können nur noch die schwellenden Fruchtstände bewundern.
Wenig später hocken wir alle vor einigen Exemplaren der Bienen-Ragwurz *(Ophrys apifera)*. Die größte hat fünf Blüten an ihrem kräftigen Stengel. Die äußeren rosa Blütenblätter gehen nach innen in ein sanftes Grün über und überwölben die rundliche samtigbraune Lippe, die einer Biene ähnelt. Wir alle sind seltsam berührt von dieser unfaßbaren Nachahmung eines Insektes im Pflanzenreich. Unser fachkundiger Führer entdeckt schnell, daß es sich hier sogar um eine seltene Unterart handelt, deren innere Blütenblätter fast die Größe der äußeren erreichen. Es ist *Ophrys apifera ssp. friburgensis*. Und noch eine vierte Orchidee ist in der Nähe, das Große Zweiblatt *(Listera ovata)*. Unten am Stengel hat sie zwei fast gegenständige Blätter. Darüber erhebt sich ein langer Blütenstand mit unscheinbaren grünlich-gelben Blüten, die erst beim genauen Hinsehen ihre Orchideengestalt zeigen.
Das viele Sehen und Beobachten hat uns müde gemacht. Der Rücken tut weh vom gebückten Umhergehen. Aber der begeisterte Ruf unseres Begleiters macht uns schnell wieder munter. Er hat noch eine Orchidee entdeckt, die eigentlich ins Mittelmeergebiet gehört, sich aber auch auf diesen warmen Kalkhängen des Saarlandes angesiedelt hat; Ohnsporn oder Fratzenorchis ist ihr deutscher Name. Der lateinische Name *Aceras anthropophorum* läßt besser erkennen, was dieses kleine Wunder uns zeigt. Wie kleine grün-braune Männchen hängen die vielen Blüten am Stiel. Vielfach beobachten wir noch die Hummel-Ragwurz *(Ophrys fuciflora)*; die letzten Blüten lassen die Schönheit dieser Pflanzen erkennen.
Nach kurzer Pause wandern wir durch die Hitze weiter bergan, beinahe ein bißchen stumpf geworden von den vielen Eindrücken in der letzten Stunde. Trotzdem kann sich der Blick nicht vom Boden lösen. Vielleicht gibt es in der Vielfalt noch etwas zu entdecken, vielleicht übersehen wir etwas Neues, wenn wir in die Ferne blicken: diese stillschweigende Besorgnis erhält die Aufmerksamkeit.
Weiter, weiter schräg hinauf ziehen wir. Das kurze Gras mit den vielen Blütenpflanzen ist plötzlich verschwunden. Wir stehen im blanken Wasser. Die Erklärung ist einfach. Das

Regenwasser, das leicht durch den porösen Kalkstein sickert, stieß auf eine undurchlässige Schicht, kommt hier ans Tageslicht und rieselt langsam ins Tal hinab. Wie hat sich die Pflanzenwelt verändert! Schon nach wenigen Schritten stehen wir in hüfthohem Schilf und zwischen Riesen-Schachtelhalmen. Kohldisteln *(Cirsium oleraceum)* und Karden ragen auf, wunderbar würzig duftet die Wasserminze *(Mentha aquatica)*, als wir auf ihre Blätter treten. Nur etwa 20 m breit ist diese feuchte Stelle, die wir durchqueren wollen. Hier können wir eine seltene Pflanze finden, die Gemeine Natternzunge *(Ophioglossum vulgatum)*. Nach einigem Suchen haben wir ihn, diesen seltsamen Farn. Jährlich bringt er nur ein Blatt hervor, das aus zwei Teilen besteht. Der eiförmige glatte Blattabschnitt sieht beinahe wie ein großes Buchenblatt aus. Davor erhebt sich ein ähriger Sporenstand, einem kleinen Fuchsschwanz vergleichbar. Ich berühre ihn vorsichtig. Eine grünliche Wolke stäubt auf. Die reifen Sporen ziehen durch die Luft. Halb abgeblüht ist das Fleischfarbene Knabenkraut *(Dactylorhiza incarnata)*, und überall stehen die Fruchtstände des Breitblättrigen Knabenkrautes *(Dactylorhiza majalis)*.
Nach wenigen Schritten haben wir wieder festen Boden unter den Füßen und steigen am westlichen Hang des Berges zum Waldrand empor. Eine Zaun-Eidechse *(Lacerta agilis)* verschwindet vor unseren Füßen schnell im Gras. Wir können gerade noch erkennen, daß es ein Weibchen ist.
Nun haben wir den Wald, der die Kuppe des Wolferskopfes bedeckt, erreicht. Die Fülle der Büsche und Bäume, die wir vor uns sehen, ist kaum zu fassen. Wie langweilig und einförmig ist doch ein aufgeforsteter Fichten- oder Pappelwald, gemessen an dieser Vielfalt. Liguster *(Ligustrum vulgare)* mit seinen streng riechenden weißen Blüten, Eingriffeliger Weißdorn *(Crataegus monogyna)*, Mehlbeere *(Sorbus aria)*, Hunds-Rose *(Rosa canina)* und Schlehdorn *(Prunus spinosa)* bilden den Waldsaum. Darüber erheben sich Wilde Birnenbäume *(Pyrus communis)*, Süß-Kirschen *(Prunus avium)*, Berg-Ahorn *(Acer pseudo-platanus)*, Wolliger Schneeball *(Viburnum lantana)* und Weißbuche *(Carpinus betulus)*. Und gekrönt wird das grüne Dickicht von Rot-Buchen *(Fagus sylvatica)*, Winter-Linden *(Tilia cordata)* und Robinien *(Robinia pseudoacacia)*.
Vorsichtig klettern wir durch Dornen und trockene Äste in das grüne Halbdunkel. Als erstes erkennen wir im Dämmerlicht die leuchtendroten Beeren an einigen Seidelbastbüschen *(Daphne mezereum)*. Dann fällt unser Blick auf einige Weinbergschnecken mit graubräunlichen Häusern. Wir sehen auch prächtige Samenstände des Purpur-Knabenkrautes *(Orchis purpurea)*. Was wir aber suchen, ist ein seltenes Rankgewächs, die Schmerwurz *(Tamus communis)*. Bald haben wir auch sie gefunden. Herzförmige, glänzend grüne Blätter winden sich um abgestorbene Äste zum Licht. Gegen den Himmel entdecken wir über uns auch die kleinen gelblich-grünen Blüten und die ersten noch grünen Beeren.
Wir kommen langsam wieder ins Freie und gehen hoch oben am Waldrand weiter ostwärts.

Hier hat man einen weiten Blick. In der Ferne liegt das Industriegebiet Dillingen. Gelblichgrauer Qualm steigt auf, und Abraumhalden sind zwischen den Schornsteinen schwach zu erkennen. Wir klettern in einen überwachsenen Schützengraben des letzten Weltkrieges; unsere Gedanken gehen viele Jahre zurück.

Eine Pflanze ist es, die uns wieder zurückholt in diesen schönen sonnigen Sommertag. Wohl einen halben Meter hoch ist die Bocksorchis oder Riemenzunge *(Himantoglossum hircinum)*, die da vor uns wächst. Die Mittellappen der einzelnen Orchideenblüten stehen wie lustig gedrehte Blätter nach allen Seiten ab. Auch der Geruch, der ihr den Namen gab, ist deutlich zu spüren.

Wir steigen langsam abwärts, um wieder zu unserem Wagen zu kommen. Die vielen Pflanzen, die wir heute sahen und deren Heimat dieser Trockenrasen am Wolferskopf ist, grüßen uns beim Rückweg noch einmal wie liebe alte Bekannte. Unser Dank aber gilt dem fachkundigen Führer, der uns die Augen für ihre Schönheit geöffnet hat.

Das Land

Im Bereich der Faltung bzw. Aufsattelung des Karbons, mit der das Rheinische Schiefergebirge über das großenteils zu ihm gehörende Saar-Nahe-Hügelland eindringt, liegt der vom südlichen St. Wendel bis nach Lothringen reichende, 15 km breite Saarbrückener „Steinkohlensattel" (nach SO und NW bis 1500 m einfallende Flöze; mittlere Abbautiefe 600 m). Ihn überdeckt das mittelsaarländische Waldland (ca. $^1/_3$ des Landes), das auch die Buntsandsteinhöhlen des Warndt (im Süden), des Kirkeler Waldes und der Sickinger Höhe bei Homburg (im Osten) umfaßt. Im Südosten und südlich des schmalen Saartales schließen sich die fruchtbaren Muschelkalkstufen des Blies- und Saargaues an.

Das Saarland hat 17 Naturschutz- (Fläche 183 ha) und 72 Landschaftsschutzgebiete (Fläche 110 500 ha).

Am Wolferskopf

Das Gebiet (Größe: rund 40 ha) besitzt ausgedehnte Halbtrockenrasen *(Mesobrometum typicum)*, die durch zahlreiche Orchideenarten (28 im Gebiet und in seiner unmittelbaren Nachbarschaft) gekennzeichnet sind. Die Mesobrometen entwickeln sich z. T. in eine Buschgesellschaft, z. T. zu einer Hochstaudenkalktrift.

Vegetationskundlich von Interesse und seit 1959 Naturschutzgebiet.

Die Pflanzenwelt:

Riesen-Schachtelhalm *(Equisetum telmateja)*; bis 1,20 m hoch und 2 cm dick, Sprosse fast bis zur Spitze weiß, oben reichästig; ausgedehnte Bestände an Stellen mit tonigem Untergrund.

Gemeine Natternzunge *(Ophioglossum vulgatum)*; bis 30 cm hohes Farngewächs; gelbgrün; bringt jährlich nur ein Blatt hervor; an feuchten Stellen.

Hufeisenklee *(Hippocrepis comosa)*; bis 20 cm hoch; langgestielte Blätter mit 5–7 Paaren von Seitenfiedern; gelbe Blüten in Dolden (Mai/Juni); Leitpflanze der Orchideentriften.

Weidenblättriger Alant *(Inula salicina)*; bis 80 cm hohes Korbblütengewächs; Blätter länglich-lanzettlich mit herzförmigem Grund stengelumfassend; zungenförmige, gelbe Blüten (Juni–Oktober); in der Hochstaudentrift vorherrschend.

Schmerwurz *(Tamus communis);* zweihäusige, windende Pflanze; 1,50–3,00 m hoch; Blätter tief herzförmig, glänzend dunkelgrün; traubige Blüten (Mai/Juni) unscheinbar; Beeren rot glänzend; an Waldrändern und lichtem Gebüsch.

Fieder-Zwenke *(Brachypodium pinnatum);* hellgrünes, 50–100 cm hohes Süßgras; Blütenstand und die am Rande behaarten Blätter steif, aufrecht; Ährchen 8–20blütig (Juni/Juli); sehr verbreitet.

Pyramiden-Schillergras, Kammschmiele *(Koeleria pyramidata);* bis 60 cm hohes Süßgras; etwa 2 mm breite Blätter flach, weich, grün, am Rande bewimpert; bis 10 cm lange Rispe pyramidenförmig; Ährchen 3blütig (Juni/Juli); recht verbreitet.

Fleischfarbenes Knabenkraut *(Dactylorhiza incarnata);* 20–80 cm hohe Orchidee; Stengel hohl, kantig; Blätter gelbgrün, aufrecht; kleine Blüten fleischfarben, selten gelblich (Mai–Juli); kalkliebend.

Hummel-Ragwurz *(Ophrys fuciflora);* bis 30 cm hoch; äußere Blütenblätter (Mai/Juni) weiß oder rosa mit grünem Mittelnerv, oval; innere dreieckig, Lippe ungeteilt mit gelblicher Zeichnung; an sonnenbeschienenen Gebüschsäumen; die Varietät *coronifera* bildet eine Population, die in Mitteleuropa bisher nur am Wolferskopf gefunden wurde.

Bienen-Ragwurz *(Ophrys apifera);* bis 50 cm hoch; Blätter ei-lanzettlich; braune Lippe deutlich länger als breit mit gelber Zeichnung, mit kleinen, seitlichen Zipfeln; gelbgrünes, lappenförmiges Anhängsel, blüht (Mai/Juni); im Gebiet auch die sehr seltene ssp. *friburgensis;* an lichtem Gebüsch und grasigen Hügeln.

Purpur-Knabenkraut *(Orchis purpurea);* bis 75 cm hoch; Blätter länglich-eiförmig; Blütenstand dichtblütig; kugelig-eiförmiger Helm außen braunrot; Lippe hellrot, dunkelrot punktiert; Lippenzipfel oft gezähnt (Mai/Juni); wärme- und kalkliebend.

Helm-Knabenkraut *(Orchis militaris);* bis 40 cm hoch; 5–15 cm lange Blätter schmal-oval; Helm außen blaßrosa mit dunklen Nerven, länglich-eiförmig; Lippen violett bis hellrot, dunkelrot punktiert; die zwei Mittelzipfel der Lippen vorn mit breitem, rundlichem Lappen; blüht Mai/Juni; kalkliebend, an Gebüschrändern und grasigen Hängen.

Riemenzunge, Bocksorchis *(Himantoglossum hircinum);* bis 90 cm hoch, Stengel kantig; Blätter eiförmig, obere lanzettlich; lockerer, 10–20 cm langer Blütenstand; Blüten grünlichweiß, rotnervig, mit Bocksgeruch (Mai–Juli); an sonnigen Gebüschsäumen.

Ohnsporn, Fratzenorchis *(Aceras anthropophorum);* bis 30 cm hoch; Blätter länglich-lanzettlich, bläulichgrün; Ähre reichblütig, Lippe 3teilig; blüht Mai/Juni; auf kurzgrasigen Hügeln und an Gebüschsäumen.

Die Tierwelt:

Gottesanbeterin *(Mantis religiosa);* 4–6 cm groß; grüne oder bräunliche Fangschrecke; Halsschild sehr lang; Hüftglied innen mit schwarzem Fleck; Vorderbeine sind Fangbeine; in Deutschland nur auf Wärmeinseln.

Schwalbenschwanz *(Papilio machaon);* Spannweite 7 cm; Flügel des Schmetterlings schwefelgelb mit schwarzen Zeichnungen, breiter blauer, schwarzgesäumter Binde über den Vorder- und besonders Hinterflügeln; Innenseite der Hinterflügel mit je einem rostroten Fleck; Hinterflügel in Schwanzspitze ausgezogen; fliegt April–August (2 Generationen); Raupe (Juni–August; grün, dick, schwarze Querbinden, rotpunktiert) auf Doldengewächsen; recht selten geworden.

Zaun-Eidechse *(Lacerta agilis);* 20 cm lang; plumpe Körperform, Schwanz kurz und dick; grüner, graubrauner Rücken; an sonnigen Orten.

Glattnatter, Schlingnatter *(Coronella austriaca);* bis 75 cm lang; oberseits braun, unterseits gelbrötlich; vollkommen grau; dunkelbraunes Längsband an jeder Kopfseite; lebendgebärend; auf sonnigem Gelände, an Waldrändern und Hängen; wird oft mit der Kreuzotter verwechselt, jedoch völlig harmlos.

Baumpieper *(Anthus trivialis);* 15 cm; oberseits braun, schwärzlich gestreift; Brust gelblich mit einigen kräftigen Längsstreifen; Beine rötlich; ruft „psih, sib"; wohlklingender, trillernder Singflug, im Abschweben typisches „Zia, zia, zia"; nistet im hohen Gras, unter Farnkraut.

Wendehals *(Jynx torquilla);* 16 cm; oberseits graubraun, unterseits heller; Kehle, Brust, Flanken gebändert, ansonsten grau, braun oder rostgelb gemustert; sträubt Nackenfedern und verdreht den Kopf; klettert spechtartig; sucht seine Nahrung am Boden; ruft klagend „gäh, gäh, gäh"; Nest in natürlichen Höhlen.

Pirol *(Oriolus oriolus);* 24 cm; ♂ leuchtend gelbes Gefieder, Flügel und Schwanz schwarz; ♀ oberseits grün, unterseits weißlich mit feinen Streifen; schneller Flug; ruft flötend „düdelödüo"; meist in den Baumwipfeln verborgen; freihängendes Nest in waagerechter Astgabel.

Kartenmaterial:

Topographische Karte 1:25000 Nr. 6506 Reimsbach.

Baden-Württemberg: Die Wutachschlucht

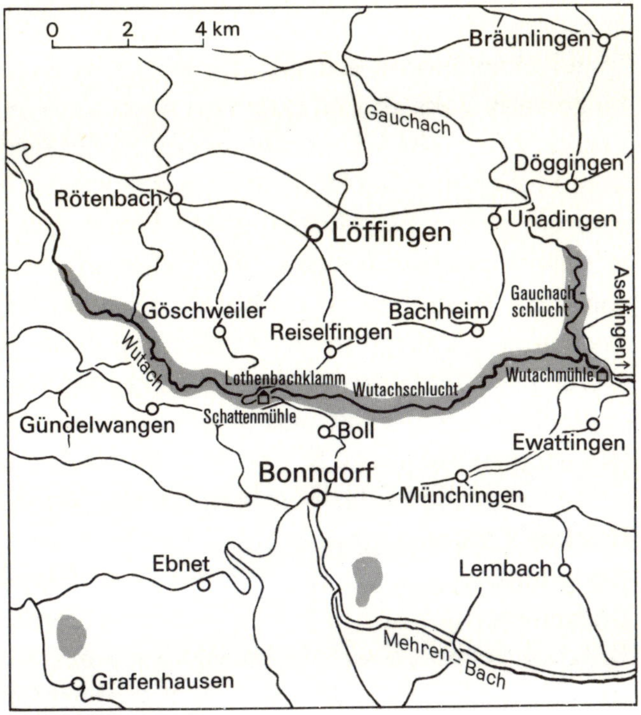

Es ist ein Oktoberwetter, wie man es sich nicht schöner vorstellen kann. Wir haben Freiburg passiert und fahren in südöstlicher Richtung, an Wiesen vorbei, an sanften Hängen. Duftige Robinien begleiten uns. Sie sehen nicht so kompakt aus wie die Laubhänge des Höllentals, das wir gerade durchquert haben. Bei Hinterzarten verändert sich die Landschaft: Nadelholz, Birken, Heide. Wie ein großes blaues Auge schaut der Titisee durch die Fichten.

Hier fließt die Gutach aus dem See in einem großen Bogen nach Nordosten, sammelt andere Bäche, vereinigt sich mit der Haslach, und die Wutach beginnt. Und bald haben wir das Ziel dieses Tages erreicht: die Wutachschlucht.

Was hat uns hierher geführt? Schon ein paar Stichworte machen hellhörig: Ablenkung des Flusses Wutach vom Flußsystem der Donau zu dem des Rheins, tektonisch bedingt durch den Bonndorfer Grabenbruch. Starke Erosion in allen Schichten, vom Grundgebirge bis Jura, Wasserversickerungen und Wiederaustritt.

Das hört sich geheimnisvoll an und macht neugierig. Auf der Landkarte des südlichen Schwarzwaldes finde ich den Titisee und die Wutach; nach Osten fließt sie, der Donau zu. Und da bei Achdorf und Blumberg, ganz plötzlich läuft sie nach Süden im großen Bogen, dann westlich dem Rhein zu. Welche Kräfte müssen ihr den Weg abgeschnitten haben!

Seit etwa 2 Millionen Jahren steigt der Schwarzwald seitwärts an und ist zu dem heutigen Mittelgebirge geworden. Und erst seit etwa 70000 Jahren, seit der Würmvereisung, läuft die Wutach zum Rhein.

Das ist – gemessen am Alter der Erde – eine sehr kurze Zeit. Und die Wutach ist immer noch

dabei, sich einen Weg in ihrem neuen Flußtal zu suchen. Wir werden sehen können, wie sie sich eingräbt, wie sie sich von einer Talseite zur anderen drängt, hier Steine abträgt und dort Schotterbänke aufhäuft. Aber noch etwas Ungewöhnliches kommt hinzu: Wir werden bei unserer Wanderung durch verschiedene erdgeschichtliche Abschnitte gehen, durchs Grundgebirge, durch die Muschelkalkschlucht, und ein Stückchen durch Keuper-Tonschicht. Ich freue mich auf dieses Bilderbuch, das da auf einer so kurzen Strecke für uns ausgebreitet ist.
Inzwischen fahren wir auf der B 315 in Richtung Bonndorf. Kurz hinter Gündelwangen biegen wir links ab und kommen nach wenigen Minuten zu dem Parkplatz bei der Schattenmühle. Hier sehe ich sie zum ersten Male: die Wutach. Die Talaue ist breit, Erlen stehen an dem Flüßchen, verschiedene Gräser wachsen üppig am Ufer. Ein paar Blüten des roten Klees und ein gelber Hahnenfuß geben Farbe. Ein freundliches Bild, das nicht ahnen läßt, was wir noch erleben werden. Wir gehen ein Stückchen Wutach-aufwärts. Ein leises, gleichförmiges Rauschen ist zu hören. Es wird lauter, und plötzlich verändert sich alles. Der Lothenbach kommt in die Wutach gepoltert. Wir steigen ein in die Lothenbach-Klamm. Der kleine Pfad liegt unter riesigen Weißtannen und Fichten im Dämmerlicht. Die Luft ist feucht; es riecht nach Wasser und abgestorbenen Blättern.
Wir steigen aufwärts. Kleine Stufen helfen uns. Aus den vielfältigen dicken Moospolstern recken sich die fahlgelben Stauden des Wald-Geißbartes *(Aruncus dioicus)*. Ein paar vertrocknete Samenstände erinnern an die zartweißen Blüten des Sommers. Wir klettern über einen Holzsteg. Unter uns fällt das Wasser senkrecht in ein Becken. Wie viele Jahre mag der Lothenbach gebraucht haben, um diese kleine Wanne zu formen? Auf der anderen Seite des Brückchens heben sich dichte Bestände des Wald-Bingelkrautes *(Mercurialis perennis)* von dem Dunkelgrün des Mooses ab. Eisenhutblätter kann ich erkennen. Und dort ist der lange

Seite 113:
Wutachversickerung beim „Rümmelesteg“ zwischen Bad Boll und der Wutachmühle.

Seite 114:
Oben: Die Wasseramsel (Cinclus cinclus) *lebt standorttreu am Flußbett, in dem sie auch tauchend auf Nahrungssuche geht.*

Unten: In den Juraschichten ist der Fossilienreichtum außerordentlich eindrucksvoll; hier der Abdruck eines Ammoniten.

Seite 115:
Blick in den Wutachtalgrund. Die gesamte Schlucht steht unter Naturschutz.

Seite 116:
In der unteren und mittleren Wutachschlucht ist im Frühjahr der Waldboden bedeckt von den weißen Blüten der Märzenbecher (Leucojum vernum).

Trieb einer Rose, der senkrecht zum Licht strebt. Zwischen den dunklen Nadelbäumen stehen einzelne Buchen, hier und da ein Ahorn. Die Blätter fangen an, sich gelb zu färben und bringen ein bißchen Freundlichkeit in dieses Dunkel aus Granitfelsen, tosendem, schäumendem Wasser, hohen alten Nadelbäumen und üppigem Moos. Wir wandern den Weg höher hinauf und kommen in einen lockeren Mischwald. Aus der tiefen Klamm des Lothenbaches ist ein eilig abwärtslaufendes Bächlein geworden.
Dann kehren wir um und genießen die romantische Düsternis auf dem Weg zur Wutach noch einmal.
Auf einem holperigen Weg fahren wir von der Schattenmühle über eine Hochfläche, die landwirtschaftlich genutzt wird. Das Winterkorn leuchtet saftig grün in der Oktobersonne. Die Felder liegen eingestreut in Waldstücke, und irgendwo hinter dem Wald, auf unserer linken Seite, wissen wir die Wutachschlucht.
Bei dem kleinen Weiler Boll halten wir im warmen Sonnenschein auf einem Parkplatz mit einer Orientierungstafel. Wir gehen auf einem Fußweg in Richtung Bad Boll. Links begleitet uns ein Hang, rechts sieht man durch Haselbüsche, Feld-Ahorn und buschige Linden in die tiefe Schlucht des Boller Baches.
Langsam senkt sich der Weg zur Talsohle. Ich bin überrascht über die Vielfalt der Büsche und Bäume. Linden sehe ich, alle drei Ahornarten (Berg-, Spitz- und Feld-Ahorn), dazwischen einzelne Eschen und Buchen, Mehlbeere sowie Wolligen Schneeball *(Viburnum lantana)*, Liguster und Berberitzen. Am Boden sind die dunkelgrünen lederigen Blätter der Haselwurz zu erkennen. Unter einer Buschgruppe entdecke ich besonders große Veilchenblätter, das Wunderveilchen *(Viola mirabilis)*. Eine nesselblättrige Glockenblume hat noch einige violette Blüten. Daneben sind die schon gelben Blätter einer Weißwurz zu sehen und einige halbabgefressene Sumpfwurzpflanzen. Rehe sollen eine besondere Vorliebe für diese Orchideen haben.
Der Weg wird jetzt recht schmal, über einige Kehren führt er uns nach Bad Boll.
Bad Boll war im Mittelalter ein Badhof mit Heilquellen gegen Hautkrankheiten und Rheumatismus. Der Besitz gehörte den Herren von Tannegg. Noch um die Jahrhundertwende gab es hier ein Hotel mit über hundert Betten, ein berühmtes Bad mit Parks und Alleen. Wir gehen an einigen Gebäuden vorbei. Fensterscheiben fehlen, die Mauersteine sind herausgebrochen. Die Farbe blättert von den Fensterrahmen.
Hinter einem verrosteten Eisentor beginnt ein Weg, links und rechts mit Lebensbäumen bepflanzt, Gras wuchert über dem Weg, der sich irgendwohin verliert. Kein Mensch ist zu sehen, kein Hund bellt. Alles wirkt verwahrlost und unbewohnt. Unwillkürlich reden wir leiser.
Am Flußufer gabelt sich der Weg. Über einen Steg kann man die Wutach überqueren und am linken Ufer nach Dietfurt gelangen. Wir bleiben auf dieser Flußseite und befinden uns

unvermittelt auf einer Allee. Die unwirkliche Stimmung, die uns in Bad Boll befallen hat, wird noch verstärkt. Herrliche alte Baumreihen säumen unseren Weg, Eschen, Ahorn, Linden und Ulmen. Alle Bäume sind mit Moosen und Flechten behangen. Riesige Büschel des Tüpfelfarns *(Polypodium vulgare)* quellen aus den Astgabeln. Auch kleinere Holzgewächse und Kräuter sitzen auf den Bäumen. Uns ist, als ob wir träumten. Große goldgelbe Ulmenblätter fallen, sich langsam drehend, auf den dunklen Weg vor uns!
Den Hang neben dem Weg haben wir gar nicht recht beachtet. Fast senkrecht steigt die Muschelkalkwand auf und zeigt eine mauerartige Schichtung mit kleinen Säulen und Querrippen. Am Fuß liegt mit seinem klaren Wasser der Felsenweiher, ein Altwasser der Wutach, von ihr durch ausgedehnte Kiesbänke abgeschnitten.
Nach ein paar weiteren Schritten kommt von rechts aus einer Schlucht der Tannegger Bach. Die dichten Moospolster, die in dem Einschnitt wachsen, sind an ihren unteren abgestorbenen Enden von einer dicken Kalkkruste umhüllt, und über diese Tuffpolster plätschert nun der Bach als kleiner Wasserfall.
Ein eigenartiger Geruch steigt uns im Weitergehen in die Nase. Hier ist der Talboden recht breit und üppig bewachsen. Grau- und Bruchweiden haben sich auf den Kiesbänken angesiedelt, und zwischen Stämmen und Stämmchen wuchert üppig die Gemeine Pestwurz *(Petasites hybridus)*. Sie ist es, die den ganzen Talgrund mit ihrem scharfen, durchdringenden Geruch erfüllt. Ihre schmutzigbraungrünen Riesenblätter decken alles zu. Da müssen wir schon genau hinsehen, um noch Reste der reichen Frühlings- und Sommerflora zu entdecken. Einzelne Pflanzen haben sich über das Pestwurzdickicht erhoben. Ein Bärenklau wächst dicht am Weg. Seine doldigen Samenstände stehen wie kleine grüne Rosen auf ihren robusten, gerillten Stengeln. Daneben blüht noch ein Sumpf-Ziest und ein Blutroter Storchschnabel *(Geranium sanguineum)*. Jetzt hat er zinnoberrote Blätter und fast blaurote Blüten. Eine Goldraute gibt einen Gelbtupfer dazu. Unter einem gebogenen Blatt – halb verborgen – blüht noch ein Wasserdarm *(Malachium aquaticum);* zartweiß und frühlingshaft, viel lieblicher anzusehen, als sein Name vermuten läßt.
Eine Hopfenranke, die in einer der Grau-Erlen emporgeklettert ist, hängt mit ihren grünlichen zapfenartigen Früchten wie eine kleine Gardine über dem Weg. Sie zeigt uns, daß es außer den Pflanzen der Auwiesen noch mehr zu entdecken gibt.
Vor uns erhebt sich eine senkrechte Felswand und versperrt den Weg. Die Wutach fließt unmittelbar an diese Wand heran, die besonders schön geschichtet ist.
Auf einem kleinen Pfad steigen wir durch ein urwaldartiges Waldstück nach oben. Der Weg ist rutschig. Wir müssen auf jeden Schritt achten und uns an dem Drahtseil festhalten, mit dem der Weg gesichert ist. Ich sehe einige kleine Seidelbastbüsche *(Daphne mezereum)*. Sie haben nur noch wenige Blätter und keine Früchte. Aber die dicken Knospen lassen mich schon an den Frühling denken.

Noch ein paar Schritte müssen wir klettern und stehen dann auf einer schmalen Galerie hoch über dem Fluß. Eine dunkle alte Eibe versperrt den Blick. Neben ihr reckt sich mit sonnengelben, leicht gebuchteten Blättern und roten Früchten eine Mehlbeere *(Sorbus aria)* zum Licht. Welch reizvoller Gegensatz! Aber wie herrlich ist erst der Blick einige Schritte weiter von hier oben in die Wutachschlucht. Tief unter uns rauscht der Fluß. Wir sehen durch ein Geflimmer herbstlich gefärbten Laubes. Besonders am gegenüberliegenden Südhang gibt es ein ganzes Feuerwerk von Rot- bis Brauntönen. Buchen müssen es sein, Ahorn und Mehlbeere. Die grünen Tupfen bringen Weißtannen und Eiben.
Nur langsam können wir uns von diesem Anblick lösen. Wir drehen uns um und entdecken an der Wand die zierlichen kleinen Felsbänder; waagerechte Stufen im Muschelkalk, nur wenige Zentimeter breit. Blasenfarn *(Cystopteris spec.)* wächst dort. Und die niedrige Zwerg-Glockenblume *(Campanula cochleariifolia)* mit ihren kleinen wohlgeformten Blättern kuschelt sich in viele Ecken. Und dort hängt sogar – uns zur Freude – noch eine ihrer blauen Blütenglöckchen. Wir gehen langsam auf der schmalen Galerie weiter. Auf dem obersten Teil der Felswand horstet der Wanderfalke *(Falco peregrinus)*. Wir bekommen ihn nicht zu sehen. Aber die weißen Kotkleckse auf dem nackten Gestein zeigen deutlich, daß er dort wohnt. Noch einmal blicken wir weit in die Schlucht hinein. Wir schätzen die Höhe. Sind wir 50 m über der Wutach, vielleicht noch höher?
Nun geht es langsam abwärts. Neben uns in einem kleinen Wolligen Schneeball bewegt sich etwas, wir bleiben stehen und warten. Wieder eine Bewegung, und da ist der kleine braune Kerl: Ein Zaunkönig *(Troglodytes troglodytes)* mit lustig aufgerecktem Schwanz guckt uns neugierig und gar nicht scheu an. Nach einigen Augenblicken verschwindet er zwischen den trockenen Blättern des Busches.
An der Einmündung des Wutachgrabens weitet sich das Tal. Wir haben unseren Rastplatz – die Hermann-Schurhammer-Hütte – erreicht. Auf einfachen Holzbänken sitzen wir und stärken uns für den weiteren Weg. Die mitgebrachten Brote schmecken besonders gut in der frischen Luft mit einem Schluck Zwetschenwasser.
Bald wandern wir weiter. Der aufgeweichte, rutschige Weg führt durch einen jungen Grau-Erlenwald. Der Hang zur Rechten zeigt neuere Erdrutsche, die allen Bäumen und Bäumchen zugesetzt haben, so daß sie sich, mühsam im Bogen wachsend, dem Licht zuwenden müssen; „Säbelwuchs“ sagt man, oder „Hangknie“. Der Wanderweg steigt nun wieder bergan zu einer Felsgalerie. Eigenartige kleine Buckel kennzeichnen dieses Wegstück. Es sind versteinerte „Rippelmarken“ des einstigen Meeresbodens in der Muschelkalkzeit, die blank poliert und glatt das Gehen recht erschweren. Der Himmel bewölkt sich. Einige Tropfen fallen. Wir rutschen mühsam auf tonigem, feuchtem Boden, am „Immenloch“ vorbei, nun wieder in die Talaue.
Das „Immenloch“ ist eine kleine Schlucht mit einem Holzabfuhrweg, auf dem wir ein Stück

Wutach-abwärts gehen. Bald aber steigen wir erneut durch eine stark zerklüftete Felswand, die mit ihrer verschiedenfarbigen Schichtung und unterschiedlichen Verwitterung die vielfältigsten Kalk- und Mergelablagerungen zeigt. Aber nicht nur die Felswand ist interessant anzusehen. Auch der Blick von hier oben – schluchtaufwärts und -abwärts – erscheint reizvoll. Einige Meter weiter geht es rechts steil bergab. Wir müssen auf den Weg achten und können erst wieder den Blick schweifen lassen, als wir den Talboden erreicht haben. Der Weg verläuft unmittelbar an der Wutach entlang.

Nach einigen hundert Metern prallt das Wasser an eine fast senkrechte Felswand des jenseitigen Ufers. Das Wasser hat sie schon leicht ausgehöhlt. Die Schichtung der Steilwand zeigt, daß hier eine Verwerfungsspalte nach links oben geht. Auf einer Schotterbank ohne jeden Pflanzenwuchs können wir auf den rund geschliffenen Steinen bis dicht an die Felswand herankommen. Wir stapfen noch ein bißchen weiter auf dem Schotter flußabwärts und merken, daß die Wutach immer weniger Wasser führt.

Bald geht unser Weg erneut steil aufwärts in die vierte Felswand. Von hier oben ist deutlich zu beobachten, wie das Wasser in Spalten und im Schotter verschwindet. Aber völlig wasserlos ist das Tal nicht, vielleicht, weil es in den letzten Tagen recht häufig geregnet hat. In heißen Sommern liegt hier das Flußbett trocken.

Nach dem Abstieg überqueren wir die fast versickerte Wutach auf dem „Rümmelesteg“. Von diesem aus blicken wir auf eine steile, recht überhängende Wand, die unten stark unterhöhlt ist. Hier floß bis 1953 strudelnd die Wutach in die Spalten und Höhlungen. Jetzt aber läuft das restliche Wasser im alten Flußbett weiter.

Unser Weg führt nun links der Wutach entlang durch ein Fichtenstangenholz und trifft auf einen Fahrweg, der uns bis zu einer kleinen Wiese führt. Von hier können wir auf der anderen Uferseite eine kleine Austrittstelle der Wutach sehen. Über dem Wasser fliegt schnell eine Gebirgsstelze. Ihr gelbes Gefieder leuchtet in der Sonne. Zu unserer Freude setzt sie sich in unserer Nähe auf einen Stein am Ufer und wippt mit ihrem langen Schwanz. Bei der Gabelung, zu der wir jetzt kommen, wählen wir den rechten Weg, der durch einen Auwald führt. Über einen Holzsteg geht es erneut auf die rechte Uferseite. Hier ist ein ziemlich frischer Felsabsturz mit mächtigen Steinbrocken. Einige Alpen-Johannisbeeren *(Ribes alpinum)* wachsen zwischen den Steinen. Sie haben schon dicke Blattknospen fürs nächste Jahr.

Beim Weitergehen hören wir langsam anschwellendes Rauschen und erreichen bald die Hauptaustrittsstelle des Flusses. Wie hier das Wasser in schmalen Rinnsalen und üppigen Wasserflächen aus den Spalten und Schichten von ganz unterschiedlicher Dicke quillt!

Das laute Rauschen des Flusses begleitet uns weiter. Wenig später mündet, von Norden kommend, die Gauchach auf der anderen Uferseite in die Wutach ein. Auf unserer Seite wachsen jetzt unter den Eschen und Ahornbäumen dichte Bestände des Silberblattes *(Lunaria rediviva)*. Einzelne lilafarbene Blüten leuchten noch aus dem Grün. Die meisten Pflan-

zen zeigen aber schon die silbrig-weißen Samenscheidewände, die der Pflanze ihren Namen gegeben haben.
Jetzt sind wir bald am Ziel unserer Wanderung. Unser Weg führt aus dem Muschelkalk in die Tonschichten des Lettenkeupers und weiter in den Gipskeuper. Die Gipseinlagerungen bringen besonders auffallende Rutschhänge. Ganze Schollen gleiten hier von rechts den Abhang hinab, und wir haben große Mühe, nicht auszurutschen. Nach dieser Schlitterpartie öffnet sich der Wald. Weiden stehen am Fluß. Wir sehen die ersten Häuser und kommen bald an ein Sägewerk mit einem Lagerplatz. Es riecht so herrlich nach frischem Holz!
Gleich hinter den großen Holzstapeln sind wir am Ende unserer Wanderung. Die Wutachmühle ist erreicht; wir erholen uns bei Bier und festem, gut geräuchertem Speck.

Das Land

In Baden-Württemberg gibt es augenblicklich 241 Naturschutz- (Fläche 18009 ha) und über 1200 Landschaftsschutzgebiete (Fläche 541357 ha). Auch bestehen über 40 „Totalreservate" („Bannwaldgebiete"), in denen sich die Pflanzenwelt ohne Eingriffe des Menschen entwickeln kann. 35 % dieses Bundeslandes sind waldbedeckt.
Mannigfaltig sind die verschiedenen Landschaftsformen: die urtümlichen Wälder am Altrhein, die tertiären Vulkanruinen des Kaiserstuhls und Hegaus, das abwechslungsreiche Waldgebirge des Schwarzwaldes, die Karsterscheinungen und Höhlen der Schwäbischen Alb sowie die Eiszeitrelikte in Oberschwaben und am Bodensee.
Dank vorbildlicher Leistungen der Wandervereine besteht in Baden-Württemberg ein Wanderwegenetz von 38000 km (markiert). Der Schwarzwaldverein, Deutschlands ältester Wanderverein (gegr. 1864), zählt gegenwärtig 72000, der Schwäbische Albverein sogar 108000 Mitglieder. Im Fremdenverkehr steht das südwestliche Bundesland nach Bayern an zweiter Stelle in der Bundesrepublik Deutschland; so ist Baden-Württemberg ein Ferienland für Millionen von Menschen.

Die Wutachschlucht

Wildromantische 170 m tiefe und 30 km lange Schlucht, die am Ostrand des südl. Schwarzwaldes liegt. Das Wasser kommt vom Feldberg aus 1450 m Höhe; der Fluß mündet bei Waldshut in den Rhein. Die Wutach war ursprünglich ein Quellfluß der Donau. Während der letzten Eiszeit kam es zum gelegentlichen Überlaufen durch Schmelzwasserfluten und zur Ablenkung des Flusses in die tiefer gelegenen Zuflüsse des Rheins. Das Gefälle der Wutach vergrößerte sich dabei beträchtlich. Eine starke Rückerosion schuf die heutige Schlucht.
Botanisch (über 1200 Pflanzenarten), zoologisch (über 120 Vogel- und 590 Schmetterlingsarten) und geologisch hochinteressantes Naturschutzgebiet mit sehr reizvollen Seitentälern (Lothenbachklamm, Rötenbachtal).

Die Pflanzenwelt:

Zinnoberroter Kelchbecherling *(Sarcoscypha coccinea);* Pilz wächst im März/April in den Wutachflühen besonders auf Erlenästchen.

Riesen-Schachtelhalm *(Equisetum telmateja);* bis 1,20 m hoch und 2 cm dick, Sprosse oben reichästig; an besonders feuchten Waldstellen.

Gemeine Hirschzunge *(Phyllitis scolopendrium);* zungenförmige, kurzgestielte Wedel, Rand wellig, am Grunde herzförmig; Sori (= Sporenbehälter an der Unterseite der Wedel) schmal, lang; in der mittleren, besonders aber in der unteren Wutachschlucht.

Gelbes Windröschen *(Anemone ranunculoides);* bis 20 cm hohes Hahnenfußgewächs; Stengelblätter 3teilig bis zum Grunde, fast quirlständig; 5 gelbe Blütenblätter, außen behaart (März-Mai); in der Aue; besonders große Bestände oberhalb der Wutachmühle.

Leberblümchen *(Hepatica nobilis);* bis 15 cm hoch; Stengel behaart; grundständige Blätter 3lappig; überwinternd, unterseits rotbraun/violett, oberseits grün; blaue, seltener weißliche Blüten (März/April); oberhalb der Wutachschlucht.

Wildes Silberblatt *(Lunaria rediviva);* bis über 1 m hoch; gestielte Blätter herzförmig; wohlriechende Blüten (Mai-Juli) hellviolett, lila oder weiß; elliptisch-lanzettliche Schötchen an beiden Enden spitz; in feuchten, schattigen Waldstücken.

Wald-Geißbart *(Aruncus dioicus);* zweihäusige, bis fast 2 m hohe Pflanze; Blätter 2- bis 3fach 3zählig; Fiederblätter eiförmig, doppelt gesägt; blüht in langen weißen bis gelblichen Rispen Mai-Juni an Steilhängen.

Gewöhnlicher Seidelbast *(Daphne mezereum);* bis 1,50 m hoher Strauch mit rutenförmigen Zweigen; stark duftende, rosarote, vierzipfelige Blüten (März/April); lanzettliche Blätter erscheinen erst nach den Blüten; kugelige Früchte rot; in den Hang- und Auwäldern; giftig.

Haselwurz *(Asarum europaeum);* kriechendes Osterluzeigewächs; dunkelgrüne, rundlich-nierenförmige Blätter von pfefferartigem Geruch; glockige, kurzgestielte Blüten braunrot (März-Mai); in den Auwäldern.

Immergrün *(Vinca minor);* am Grunde etwas verholztes, bis 20 cm hohes Staudengewächs mit immergrünen, gegenständigen, lanzettlichen, lederigen Blättern; gestielte Einzelblüten in den Blattachseln, blau, tellerförmig (März-Mai); in großen Beständen an den höchsten Stellen der Schlucht in der Nähe von Burgruinen.

Gemeine Pestwurz *(Petasites hybridus);* mit rötlichen Blüten im März-Mai; rundlich-herzförmige Blätter (bis 1 m lang und 60 cm breit) erscheinen erst nach den Blüten, bedecken dann weite Teile des Flußufers.

Türkenbund-Lilie *(Lilium martagon);* 30–110 cm hoch; Blätter länglich-spatelförmig; hängende, fleischrote und dunkelgefleckte Blüten (Juni/Juli); in und an Mischwäldern.

Märzenbecher, Frühlings-Knotenblume *(Leucojum vernum);* 10–30 cm hoch; Blätter linealisch; weiße Blüten mit gelbem Saum, nickend, glockenförmig (Februar-April); in der mittleren und unteren Wutachschlucht; giftig.

Die Tierwelt:

Gänsesäger *(Mergus merganser);* 66 cm; roter Schnabel, langer Körper; Kopf graugrün (♀ braun mit Haube), Rücken schwarz (♀ grau), Unterseite weiß.

Gabelweihe, Roter Milan *(Milvus milvus);* 61 cm; Gefieder rostfarben, Schwanz tief gegabelt; ruft miauend „hi, hi, hia".

Schwarzer Milan *(Milvus migrans);* 56 cm; Gefieder düster rotbraun, Schwanz schwach gegabelt; zur Brutzeit ziemlich laut; schreit trillernd, möwenartig.

Wanderfalke *(Falco peregrinus);* 38–40 cm; Gefieder oberseits vorn schwärzlich, hinten schieferblau, breiter Bartstreif; Nest auf Felsvorsprüngen.

Wasseramsel *(Cinclus cinclus);* 18 cm; kurz, dick; Gefieder schwärzlich bis dunkelbraun mit weißer Kehle und Brust; ruft kurz „zitt" oder „zerrb"; läuft lebhaft auf den Beinen knicksend; standorttreu am Flußbett lebend, bei der Nahrungssuche am Grunde der Gewässer laufend; ungesellig.

Kolkrabe *(Corvus corax);* 63 cm; Gefieder schwarz, Schwanzende keilförmig; Schnabel, Beine schwarz; Ruf ein tiefes „Prroak" und zahlreiche andere krächzende Laute; in der unteren Wutachschlucht.

Gemse *(Rupicapra rupicapra);* Kopf-Rumpflänge 1,20 m, Schulterhöhe 75 cm; ♂ und ♀ mit an der Spitze hakenförmig gebogenen Hörnern; Fell im Sommer rötlichbraun mit schwarzem Rückenstrich, im Winter braunschwarz; Standwild vor allem in der oberen Wutachschlucht.

Mineralien/Fossilien:

Westlich von Aselfingen gut aufgeschlossener Schwarzer Jura; Fundort für Muscheln und Ammoniten.

Oberhalb Aselfingen, am Aubächle, große Lias-Aufschlüsse in steilen Wänden. Untere Schichten mit Belemniten, Ammoniten, Muscheln und Brachiopoden.

Weglänge:

Boll-Wutachmühle (etwa 10 km); – Aselfingen (weitere 4 km) – Achdorf (weitere 2 km).

Wanderkarten:

1:50000 RV 5011 Neustadt Wutachschlucht; Topographische Karten 1:25000 Nr. 8115 Lenzkirch und Nr. 8116 Bonndorf.

Bemerkungen:

Die Schluchtwege sind oft feucht und rutschig; gut profiliertes Schuhwerk wird empfohlen.

Bayern: In den Berchtesgadener Alpen

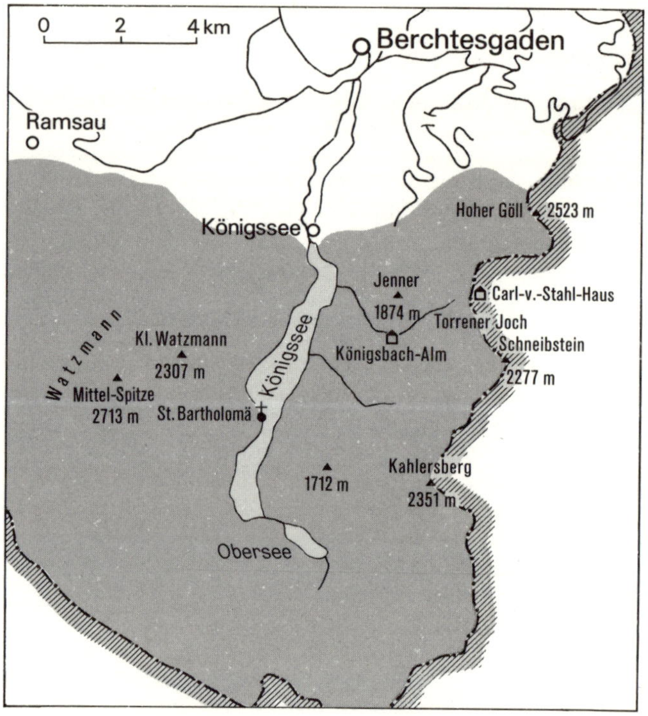

Morgens haben wir München verlassen, und jetzt – zwei Stunden später – liegt Inzell hinter uns; wir fahren auf Berchtesgaden zu.

Schon lange sind wir von Bergen umgeben. Von der Ramsauer Ache aus, an der wir entlangfahren, erscheint der ganze Horizont als eine vielgliedrige Kette. Rechts das Lattengebirge, daneben und dahinter die Reiteralpe, die von hier wie ein riesiger Gebirgsstock aussieht, der viele Male tief eingeschnitten wurde. Dann erkennen wir den Hochkalter. Hoch oben in einer sanften Mulde liegt der Blaueisgletscher, der nördlichste Gletscher der Alpen, weißbläulich schimmernd deutlich zu erkennen. Fast vor uns taucht der Watzmann auf, der bei jeder Wegbiegung seine bizarre Gestalt verändert. Und mehr nach links der Jenner sowie der Hohe Göll. Irgendwo dazwischen in einem tiefen Einschnitt liegt der Königssee.

Der Parkplatz Königssee ist außerordentlich groß; die Organisation klappt hervorragend. Wir verlassen ihn schnell und steigen an der Talstation in die Jenner-Seilbahn; von der Gondel aus haben wir einen freien Blick. An alten Ulmen und Berg-Ahornbäumen geht es vorbei. Die Bahn führt auf einer durch Fichtenwald geschlagenen Trasse bergan. Wir entdecken schnell den großen leuchtend blauen Schwalbenwurz-Enzian *(Gentiana asclepiadea)*, der gerade zu blühen anfängt. Seine Blütenglocken sind schön aufgereiht an den leicht überhängenden langen Stengeln. Daneben stehen große Büschel vom Wasserdost *(Eupatorium cannabinum)* und des Grauen Alpendosts *(Adenostyles alliariae)*. Hier, wo es am Hang etwas feucht ist, werden die blaßrot blühenden, lang aufgeschossenen Pflanzen sicher 1,50 m hoch.

Es ist sehr still rings um uns herum. Nur ein gelegentliches „Klick“ der Bahn und eine ferne Kuhglocke sind zu hören. Nach der Mittelstation verändert sich die Waldlandschaft links und rechts der Trasse. Ein paar Fichten wachsen noch zwischen den Lärchen, aber sonst stehen dort hauptsächlich Grün-Erlen *(Alnus viridis)*. Wir können deutlich ihre spitzen Blätter erkennen.

Von der Bergstation steigen wir auf einem bequem ausgebauten Weg zur Aussichtsplattform unterhalb des Jenner-Gipfels; wir befinden uns nun in gut 1800 m Höhe. Trotz der vielen Menschen, die von hier aus das Panorama genießen möchten, beeindruckt uns der weite Blick, der sich uns bietet. Tief, tief unter uns sehen wir den langgezogenen, fast fjordartigen Königssee. Dahinter erhebt sich das Steinerne Meer sowie der Watzmann, die Reiteralpe und das Lattengebirge. Nur schwer können wir uns von diesem großartigen Anblick lösen.

Wir gehen langsam zurück und auf die Bergstation zu. Jetzt, nach dem überwältigenden Rundblick, sehen wir auch wieder, was in unserer Nähe zu entdecken ist. Hier oben vertreten die Latschen (Legföhren) die Grün-Erlen. Zwischen den Felsen und Felsspalten haben sich unterschiedlich dicke Humusstellen gebildet. Und an diesen Stellen blüht es in allen Farben, daß es eine Freude ist. Am meisten leuchten zwei Korbblütler. Da sind zum einen die dottergelben Blüten des Ochsenauges *(Buphthalmum salicifolium)* und zum anderen das Eberrautenblättrige Greiskraut *(Senecio abrotanifolius)*, dessen Blütenköpfe orangegelb an unserem Weg stehen. Der Fuchsschwanz-Ziest *(Betonica alopecuros)* zeigt sich in gelblichem Weiß. Nun aber tauchen die blauen und violetten Blüten auf. Am auffälligsten ist die blauviolette Scheuchzer's Glockenblume *(Campanula scheuchzeri)* und der tiefblaue Eisenhut *(Aconitum napellus)*. Dazwischen wächst das Kahle Berufkraut *(Erigeron polymor-*

Seite 125:
Blick vom Jenner auf Steinernes Meer, Watzmann und den Königssee.

Seite 126:
Links: Auf Matten oder steinigen Hängen findet man in den Alpen verstreut den vollkommen geschützten Rauhen Enzian (Gentiana aspera); *er blüht von Juli bis September und hat vom Grunde an meist ästige Stengel.*

Rechts: Auch der Schwalbenwurz-Enzian (Gentiana asclepiadea) *blüht von Juli bis September und steht unter Naturschutz. Er wächst auf Weiden und in feuchten Wäldern. Die reich beblätterten Stengel werden bis 80 cm lang.*

Unten: Der Rostblättrigen Alpenrose (Rhododendron ferrugineum) *begegnet man als Zwergstrauch an Felshängen und im Legföhrengebüsch sehr häufig; sie steht unter Naturschutz.*

Seite 127:
Die geschützte Bergkiefer (Pinus mugo) *ist ein wichtiger Erosionsschutz und bis 2300 m in den Alpen sehr häufig; die niederliegende Unterart* prostata *wird als Legföhre oder Latsche bezeichnet.*

Seite 128:
Aufmerksam beobachtet das Murmeltier (Marmota marmota) *die Umgebung. Auf seinen pfeifenden Warnruf hin stürzen alle Artgenossen in ihre Baue.*

phus), das mit seinen rötlichlilafarbenen Blüten an ein kräftig gefärbtes Gänseblümchen erinnert.
An der linken Seite unseres Weges ist mehr vom Fels zu sehen. Hier müssen die Pflanzen mit nur wenig Humus in Spalten und Ritzen vorliebnehmen; so ist der Bewuchs geringer als auf der anderen Seite. Auch an diesen Stellen wächst eine Glockenblume, die Kleine Glockenblume *(Campanula cochleariifolia)*. Ihre blaßblauen Glöckchen hängen aus einer Spalte heraus, in der ihre rundlichen Blätter stehen. Daneben hat ein kleiner Streifenfarn *(Asplenium viride)* Platz gefunden. Dazwischen stehen das Stengel-Fingerkraut *(Potentilla caulescens)* mit weißen erdbeerähnlichen Blüten und die Silberwurz *(Dryas octopetala)*, deren große weiße Blüten leuchtend auf den dunkelgrünen, ledrigen Blättern liegen. Die verholzten Stengel des Zwergstrauches schmiegen sich den Spalten und Ritzen der Steine an.
Wir haben erneut die Bergstation erreicht und blicken nach Osten. Die Sicht ist völlig anders als über den Königssee zum Watzmann, jedoch genauso eindrucksvoll. Vor uns liegt wie eine Wiege das Torrener Joch. Links steigt der Hang zum Hohen Göll an. Nur noch einige grüne Tupfen sind über dem Torrener Joch zu sehen. Dann erhebt sich da nur noch graurosafarbenes Gestein, von der Sonne beleuchtet, in den Himmel. Auf der anderen Seite ragt der Schneibstein auf; auch hier sehen wir den schönen rötlichen Liaskalk. Der Jenner, den wir hinter uns gelassen haben, ist – wie die meisten Berge in diesem Gebiet – aus Dachsteinkalk aufgebaut. Hier aber, auf dem Weg zum Torrener Joch befindet sich eine Verwerfungszone, und wir wandern lange Zeit über feingrusigen, zerfallenen Ramsaudolomit.
Der Weg führt uns nach Osten in Richtung Stahl-Haus. Wir wissen kaum, wohin wir zuerst sehen müssen. Sollen wir in die Weite der Berge nach Österreich blicken, wo ein Gipfel und eine Wand nach der anderen auftaucht? Oder gibt es mehr zu unseren Füßen zu entdekken?
Wir steigen durch Latschengebüsch *(Pinus mugo)*. Im Schutze der strauchigen, niederliegenden Bergkiefern wächst die Rauhblättrige Alpenrose *(Rhododendron hirsutum)*. Freundlich leuchten noch einige der hellroten Blüten zwischen den grünen Blättern. Daneben verstecken sich kleine Blaubeersträucher *(Vaccinium myrtillus)*. Wir haben schnell ein paar der blauschwarzen, süßschmeckenden Früchte gesammelt.
Bei jedem Schritt entdecken wir etwas Neues. Da ist der herrliche Gold-Pippau *(Crepis aurea)*, der wie ein orangeroter kleiner Löwenzahn aussieht. Und dort sehen wir den Österreichischen Bärenklau *(Heracleum austriacum)*, ein zartrosa blühendes Doldengewächs. Am Weg steht eine nur 1/2 m hohe Zwerg-Vogelbeere *(Sorbus chamaemespilus)*. Am eindrucksvollsten ist jedoch der Ungarische Enzian *(Gentiana pannonica)*. Fast bis zu unseren Knien reichen die großen Pflanzen. Sie sind in voller Blüte. Zwei, manchmal auch drei Ringe der großen trübpurpurfarbenen, schwarzrot punktierten Blüten sitzen übereinander.
Wir wandern über einen grasigen Hang. Man ahnt noch die Trittrinnen des Viehs. Aber die

Alpenrosen haben sich hier bereits sehr stark ausgebreitet. Das läßt erkennen, daß dieses Gebiet schon einige Jahre nicht beweidet wurde. Zwischen Rauhblättrigen Alpenrosen entdecken wir unter einer Bergkiefer eine kleine Zwerg-Alpenrose *(Rhodothamnus chamaecistus)* und die schneeweißen Blüten des Alpen-Hahnenfußes *(Ranunculus alpestris)*.

Ein kleiner Wasserlauf rieselt über den Weg. Sogleich verändert sich die Pflanzenwelt. Da sind die herzförmigen Blätter und die reinweißen Blüten des Sumpf-Herzblattes *(Parnassia palustris)*, und im schönen Gegensatz dazu steht der gelb- bis orangeblühende Fetthennen-Steinbrech *(Saxifraga aizoides)*. Seine fleischigen Blätter heben sich ab von den tief buchtig fiederspaltigen Blättern der Silberdistel *(Carlina acaulis)*, die an vielen, trockeneren Stellen ihre strahlenden, silberweißen Hüllblätter geöffnet hat. In dem kurzen Gras blüht auch der Rauhe Enzian *(Gentiana aspera)*. Die meist ästigen Pflanzen haben viele violette Blüten. Und in einem Latschengebüsch entdecken wir außerdem noch einige blaue Blüten der Berg-Flokkenblume *(Centaurea montana)*.

Langsam bergansteigend erreichen wir das Carl-von-Stahl-Haus am Torrener Joch. Hier sind wir in ungefähr 1700 m Höhe. Der Wind bläst kräftig, und wir frieren ein wenig. Trotz des schönen Weitblickes setzen wir unsere Wanderung deshalb bald fort. Ein bißchen höher – dem Schneibstein zu – machen wir eine kurze Pause im Windschatten einiger Latschen, die ihre dicken Wurzeln und Zweige wie Schlangen über den schmalen Pfad legen. Ein kleiner Imbiß nur; unser Appetit ist nicht groß. Wir wollen weiter.

Ich steige um eine kleine Felsnase herum und stehe direkt vor einem hohen Weißen Germer *(Veratrum album)*. Die großen Blätter sind tief längsgefaltet. Nur schwer kann ich mich vom Anblick dieser schönen Pflanze trennen.

Durch einen dichten Latschenbestand steigen wir langsam abwärts. Die ersten Bäume tauchen auf. Einzelne Fichten *(Picea abies)* und Lärchen *(Larix decidua)* geben uns das Gefühl, aus der steinernen Welt der Berge wieder in eine belebtere Region zu kommen. Wir gehen über weiches kurzes Gras. Hier und da blüht es gelb und blau. Die Latschen werden seltener. Einige Zwerg-Wacholdersträucher *(Juniperus sibirica)*, die zwischen Latschen wachsen, fallen uns auf. Der Fichtenbestand wird dichter. Links von uns eine steile Wand: Durch das Fernglas können wir hoch oben einen großen Fleck der jetzt im Herbst leuchtend rotgefärbten Blätter der Alpen-Bärentraube *(Arctostaphylos alpina)* erkennen. Während wir uns noch an diesen bunten Farbtupfer in der grauen Wand freuen, hören wir einen hellen, trillernden Ruf. Über uns fliegt eine Gruppe von etwa 20 Alpendohlen *(Pyrrhocorax graculus)*. Sie lassen sich vom Wind gegen die Wand treiben und fliegen wie schwarze Stoffetzen durch die Luft. Wir können noch deutlich ihre gelben Schnäbel erkennen; dann sind die schwarzglänzenden Vögel zwischen den Fichten verschwunden.

Vor uns liegt ein sanft abwärts geneigter Hang, auf dessen Matten Hunderte des Ungarischen Enzians stehen. Einige Pflanzen sind an der Spitze vom Rotwild oder den Gemsen abgefressen. Der Hang endet in einer Steilwand, der Bärenwand, und wir müssen uns einen Weg seitlich durch den Wald suchen. Auf einer kleinen Lichtung wächst ein dichter Blütenteppich von schwefelgelbem Fuchs-Kreuzkraut *(Senecio fuchsii)* und vom Blauen Eisenhut.

Nun verlassen wir den Waldstreifen. Vor uns liegt eine freie Fläche mit den Resten einer Almhütte. Ein schrilles Pfeifen ist zu hören. Auf dem offenen Hang müssen Murmeltiere *(Marmota marmota)* wohnen. Wieder ertönen die Warnrufe. Diesmal erklingt es in etwas weiterer Entfernung. Bald schon entdecken wir den Eingang zu einem Bau. Von den scheuen Tieren bekommen wir aber keines mehr zu sehen. Nur ihr pfeifendes Schreien hören wir noch aus der Ferne.

In Serpentinen geht es nun talwärts. Große, etwa 10 m hohe Felsblöcke sind von den umgebenden Wänden heruntergebrochen. Jetzt liegen sie, mit kleinen Fichten und allerlei Büschen und Moos bewachsen, zwischen den alten Baumbeständen. Hin und wieder wächst zwischen den Nadelbäumen ein alter Berg-Ahorn *(Acer pseudo-platanus)*. Nach allen Seiten recken sich seine Zweige. Hier ist ein Stamm fast ganz mit Moos bewachsen, und ein Stückchen weiter sitzen sogar kleine Farnkräuter in den Astgabeln eines solchen Ahorns.

Der Wald wird lichter. Weiße Häuser mit Schindeldächern, die mit dicken Steinen beschwert sind, stehen vor uns. Wir haben die Königsbach-Alm erreicht. Zwischen den Häusern grast braunweißes Jungvieh.

Der Weg führt uns weiter abwärts. Wir wandern jetzt auf dem alten Reitweg der bayerischen Könige, den sie benutzten, wenn sie hier zur Jagd zogen. Dieser geht durch einen alten Mischwald aus Fichten, Lärchen, Ahorn, Ulmen und Buchen. Neben uns fließt tief eingeschnitten und polternd über Steine hinweg der Königsbach.

Es ist Nachmittag geworden. Wir nähern uns langsam wieder dem Königssee. Und allmählich merken wir auch, daß wir etwa 1000 m Höhenunterschied erwandert haben. Ein wenig zwickt es in den Oberschenkeln und Waden. Doch bald sind die Anstrengungen vergessen, und wir freuen uns gemeinsam über den schönen Tag hoch oben im Gebirge.

Das Land

Der Freistaat Bayern ist flächenmäßig (70 550 km²) das größte Bundesland der Bundesrepublik Deutschland. Er hat Anteil an vier Großlandschaften: am alten Rumpfgebirge im Osten (Bayerischer und Oberpfälzer Wald, Fichtelgebirge), am Schichtstufenland (Mainfranken), an der Hochfläche des Alpenvorlandes und zu einem geringen Teil auch am Hochgebirge der Alpen (mit dem höchsten Berg Deutschlands, der Zugspitze [2963 m]). Dank seiner vielen Naturschönheiten ist Bayern das wichtigste und meistbesuchteste Fremdenverkehrsland der Bundesrepublik Deutschland.

Bayern besitzt 182 Naturschutzgebiete mit zusammen ca. 85 000 ha sowie 894 Landschaftsschutzgebiete (Gesamtfläche 1 206 863 ha). Zum Schutze und zur Pflege von Natur und Umwelt ist der Freistaat Sitz zahlreicher Verbände, Organisationen und Schutzgemeinschaften (u.a. Deutscher Alpenverein mit etwa 300000 Mitgliedern im gesamten Bundesgebiet). Rund 2000 Arten, Klein- und Unterarten sind in der Roten Liste der bedrohten Farn- und Blütenpflanzen des Bayer. Landesamtes für Umweltschutz aufgeführt, und 49% der in Bayern beheimateten wildlebenden Säugetiere (48% der Brutvogelarten, 70% der Kriechtiere, 56% der Lurche) gelten laut der Roten Liste bedrohter Tiere ebenfalls als gefährdet.

Nationalpark Berchtesgaden

Südlicher Teil des 460 km^2 großen Alpenparks Berchtesgaden zwischen Reiteralpe, Steinernem Meer und Hohem Göll (Fläche 20000 ha). Er stellt eine weitere Schutzzone dar, die in den oben genannten Daten nicht enthalten ist und ist ein vegetationskundlich, zoologisch und geologisch interessantes Gebiet um den Königssee. Die wichtigsten Gesteinsformationen sind die Werfener Schichten, der Ramsau-Dolomit und der Dachsteinkalk. Pflanzen- und Tierwelt zeigen eine außerordentliche Vielfalt; extrem sind die Höhenunterschiede (600–2700 m über dem Meeresspiegel).

Die Pflanzenwelt:

Berg-Kiefer, Latsche *(Pinus mugo);* im Gebiet meist strauchig; bis 3 m hoch, Rinde grauschwarz; Nadeln paarweise, dunkelgrün; junge Zapfen aufrecht, ältere abstehend, glänzend braun, fast sitzend; bestandbildend, oft zusammen mit Alpenrosen; bis 2300 m.

Blauer Eisenhut *(Aconitum napellus);* bis 1,50 m hohes Hahnenfußgewächs; tiefblaue, helmartige Blüten (Juli–September), Helm breiter als hoch; in Bergwäldern und auf Almen; bis 2000 m; giftig.

Alpen-Hahnenfuß *(Ranunculus alpestris);* grundständige Blätter langgestielt, 3–5lappig; Stengel meist einblütig; Blüten reinweiß (Mai–September); an feuchten, grasigen Stellen, in Schneetälchen und Karen über 1500 m.

Fetthennen-Steinbrech *(Saxifraga aizoides);* bildet lokkere Polster; linealische Blätter fleischig; gelbe bis orangefarbene Blüten, punktiert (Juni–August); an nassen Felsen und quelligen Orten.

Stengel-Fingerkraut *(Potentilla caulescens);* bis 30 cm hoch; gestielte Grundblätter 5zählig, unterseits seidenhaarig; Blüten (Juli–September) weiß, Staubfäden behaart; an Felswänden und -spalten bis 2400 m.

Silberwurz *(Dryas octopetala);* immergrüne, polsterbildende Pflanze; Blätter ledrig, länglich-elliptisch, gekerbt, unterseits weißfilzig; weiße, große Einzelblüten (Mai–August); auf Felsblöcken und Schutt zwischen 1200–2500 m.

Grün-Erle *(Alnus viridis);* bis 2,50 m hoher Strauch; Blätter eiförmig-spitz, doppelt gesägt, herb duftend; ♂ Kätzchen lang und hängend, ♀ eirund; an schattigen, feuchten Abhängen von 1500–2400 m.

Rostblättrige Alpenrose *(Rhododendron ferrugineum);* Strauch unterwärts oft blattlos; Blätter am Rande umgerollt; purpurrote Blüten (Juni/Juli); an Felshängen, in Legföhrengebüsch; über 1000 m.

Rauhblättrige Alpenrose *(Rhododendron hirsutum);* niedriger Strauch mit immergrünen, ledrigen Blättern, am Rande langhaarig bewimpert; hellrote Blüten (Juni/Juli); an steinigen Hängen, im Krummholzgebüsch; 1200–2600 m.

Zwerg-Alpenrose, Zwergrösl *(Rhodothamnus chamaecistus)*; niederliegende Stengel, mit aufsteigenden Zweigen; kleine, bewimperte, eiförmig-lanzettliche Blätter; Blüten hellrosa bis bläulichrot (Juni/Juli); an sonnigen Halden, im Krummholzgebüsch; 1000–2400 m.

Alpen-Bärentraube *(Arctostaphylos alpina);* kriechender Zwergstrauch; sommergrüne Blätter eiförmig, beiderseits netznervig, gesägt, am Grunde lang bewimpert, im Herbst rot; grünlichweiße Blüten (Mai/Juni); Frucht unreif rot, reif blauschwarz; an Felsen und schattigen Hängen von 1500–2600 m.

Ungarischer Enzian *(Gentiana pannonica);* Stengel bis 60 cm lang, oben purpurrot; untere Blätter gestielt, elliptisch, obere sitzend, länglich spitz; Blüten trübpurpurn, dunkler punktiert (Juli–September); auf Matten, in Hochstaudenfluren von 1500–2300 m.

Schwalbenwurz-Enzian *(Gentiana asclepiadea);* Stengel bis 80 cm lang, reich beblättert; Blätter eiförmig-lanzettlich; azurblaue Blüten innen violett punktiert und gestreift, blattachselständig (Juli–September); in feuchten Wäldern, auf Weiden bis 2200 m.

Rauher Enzian *(Gentiana aspera);* Stengel meist vom Grunde an ästig; Blätter verkehrt-eiförmig, spitz, unten kleiner, vorn abgerundet; violette oder weißliche Blüten, im Schlund bärtig (Mai–September); in Matten und an steinigen Hängen von 1300–2600 m.

Scheuchzer's Glockenblume *(Campanula scheuchzeri);* Stengel meist einblütig; Blätter lineal-lanzettlich, sitzend, meist ganzrandig; weitglockige Blüten blauviolett (Juli–September); in Matten über 1400 m.

Grauer Alpendost *(Adenostyles alliariae);* 0,60–1,50 m hoch; Stengel gefurcht; Blätter dreieckig-herzförmig, ungleichmäßig gezähnt, unterseits graufilzig; blaßrote Blüten (Juli/August); in Hochstaudenfluren, Waldschluchten und an quelligen Stellen bis 2500 m.

Kahles Berufkraut *(Erigeron polymorphus);* bis 30 cm hohes Korbblütengewächs; Grundblätter spatelig, stumpf, obere lanzettlich, sitzend; rötlichlila farbene Zungenblüten (Juli–September); in steinigen Matten und an Hängen von 1000–2600 m.

Eberrautenblättriges Greiskraut *(Senecio abrotanifolius);* Blätter graugrün, kahl, 2fach fiederteilig; Zungenblüten orangegelb (Juli–September); in Krummholz und an steinigen Hängen von 1200–2500 m.

Silberdistel, Eberwurz *(Carlina acaulis);* Blütenköpfe groß, sitzend; innere Hüllblätter silberweiß (Juli–September); Blätter tief buchtig fiederspaltig, dornig; an sonnigen Hängen und in Weiden.

Berg-Flockenblume *(Centaurea montana);* bis 60 cm hoch; Stengel 1blütig; Blätter lanzettlich, zugespitzt, am Stengel herablaufend, unterseits filzig, später verkahlend; Blüten blau (Mai–August); in sonnigen Bergwäldern und auf Matten bis 2100 m.

Gold-Pippau *(Crepis aurea);* Blätter rosettig, buchtig gesägt; Stengel schwarzzottig, meist blattlos; orangerote Blüten, Hüllblätter mehrreihig (Juni–September); um Sennhütten in Hochstaudenfluren und an Wegen über 1000 m.

Weißer Germer *(Veratrum album);* bis 1,50 m hohes Staudengewächs; Blätter wechselständig, tief längsgefaltet, unterseits flaumig; gelblichgrüne oder weiße Blüten in Rispen (Juni–August); auf feuchten Wiesen, in Hochstaudenfluren, typisch für die Viehlägerflora in der Umgebung von Sennhütten von 1000–2600 m; giftig.

Die Tierwelt:

Mohrenfalter *(Erebia spec.);* Tagfalter von meist brauner und schwärzlicher Grundfarbe und mit Augenflecken; Vorderbeine verkümmert; Juni–August an Gräsern mit zahlreichen Arten; Raupen mit Schwanzgabel.

Bergmolch, Alpenmolch *(Triturus alpestris);* bis 10 cm lang; oberseits schwarzbraun, unterseits leuchtend orange, Flanken dunkel gesprenkelt; ♂ im Frühjahr/Sommer mit glattrandigem Rückenkamm; unter feuchten Steinen, Baumstrünken und in Gewässern; im Frühjahr Eiablage in Tümpeln an Wasserpflanzen.

Alpenschneehuhn *(Lagopus mutus);* 36 cm; ♂ im Sommer grau-, ♀ gelbbraun und weißschwarz gefleckt; im Winter beide Geschlechter weiß bis auf den schwarzen Augenstreif (♂) und Schwanz; Bauch, Flügel, befiederte Füße stets weiß; kleine rote Lappen über den Augen; Ruf ein tiefes, rauhes Krächzen; niedriger, surrender Flug; auf steinigen Matten über 1700 m; gesellig; Nest zwischen Alpenrosen und unter Felsen.

Ringdrossel, Ringamsel *(Turdus torquatus ssp. alpestris);* 25 cm; ♂ schwarz, halbmondförmiges, weißes Brustband; ♀ bräunlicher, Brustband schmaler und matter; Stimme ein schnarrendes „Tacktack"; zuckt mit den Flügeln und dem Schwanz; schneller Flug; in lichten Nadelwäldern und auf Matten von 1000–2150 m; nistet in Bodennähe, oft auf Nadelbäumen; da Teilzieher, oft nur April–Oktober im Gebiet.

Schneefink *(Montifringilla nivalis);* 18 cm; Kopf grau; Kehle schwarz; Rücken braun, unten rahmweiß; Flügel, Schwanz weiß und schwarz; ruft „zuik, triti"; singt eintönig beim Laufen und Flug; sitzt aufrecht, schwanzzuckend; auf Geröllhalden über 1800 m, im Winter tiefer; gesellig; nistet in Felsspalten und unter Dächern von Hütten.

Alpenbirkenzeisig *(Carduelis flammea ssp. cabaret);* 12 cm; oberseits braun, dunkelstreifig; Stirn karminrot, Kehle schwarz; ♂ Brust rosa; Bauch weißlich; ruft metallisch klingend „dschedd", Singflug; über der Waldgrenze zwischen Latschen und Gestrüpp; nistet oft gesellig am Boden zwischen Latschen und Zwergsträuchern.

Alpendohle *(Pyrrhocorax graculus);* 37 cm; blauschwarz, gelber, kurzer, fast gerader Schnabel; Füße hellrot; ruft hell, trillernd „brü"; auf Matten und Felsgipfeln über 1800 m, im Winter tiefer; oft zutraulich bei Hütten; nistet in Felshöhlen.

Murmeltier *(Marmota marmota);* Kopf-Rumpflänge 54 cm; graubraun; schriller, pfeifender Warnruf; oft auf den Hinterbeinen sitzend; watschelnder Gang; gräbt tiefe Winterbaue und höher gelegene Sommerbaue; lebt meist kolonieweise; auf sonnigen Hängen über 1000 m.

Schneemaus *(Microtus nivalis);* Kopf-Rumpflänge 13 cm, Schwanzlänge 6 cm; langes, dichtes, hellgraues Fell, unterseits heller; klettert und springt gut; auf sonnenbeschienenen Hängen über 1000 m; Eingang zu den oberflächlichen Erdbauen und verzweigten Röhren unter vorspringenden Steinen.

Mauswiesel *(Mustela nivalis);* Kopf-Rumpflänge ♂ 23 cm, ♀ 18 cm; oberseits rotbraun, unterseits weißgelb, brauner Wangenfleck, Grenzlinie unregelmäßig; klettert gut; in deckungsreichem Gelände; sehr lebhaft.

Gemse *(Rupicapra rupicapra);* Kopf-Rumpflänge 1,20 m; im Sommer rotbraun und schwarzer Rückenstrich, unterseits gelblichrot; im Winter braunschwarz, unterseits weiß; Kopf gelblichweiß mit breiten dunklen Augenstreifen; Hörner rund mit hakig, nach hinten gebogener Spitze; springt und klettert gut; Stimme ein schriller, nasaler Warnpfiff, Meckern; meist gesellig in Rudeln an steilen Hängen über 1200 m.

Alpensteinbock *(Capra ibex);* Kopf-Rumpflänge 1,40 m; oberseits rötlich- oder gelblichbraun, unterseits weiß; Hörner des ♂ bis 1 m lang mit starken Querwülsten, beim ♀ nur etwa 20 cm lang; alte Böcke mit Kinnbart; schrille Pfiffe bei Gefahr, Meckern; klettert und springt besser als die Gemse; meist in Rudeln an sonnigen Südhängen oberhalb 2000 m; sehr scheu.

Wanderkarten:

Topographische Karten 1:25 000 Nr. 8342 Schneizlreuth, Nr. 8343 Berchtesgaden West, Nr. 8344 Berchtesgaden Ost, Nr. 8442 Hirschbichel, Nr. 8443 Königsee, Nr. 8444 Hoher Göll, Nr. 8543/44 Funtensee; Berchtesgaden und Umgebung 1:50000, Bayer. Landesvermessungsamt; Alpenpark – Berchtesgadener Land 1:50000, Kurwege, Wanderwege, Alpine Steige, Kurverwaltung Berchtesgaden.

Bemerkungen:

Im Zeitalter moderner Verkehrserschließung sind die Bergerlebnisse für den Wanderer leichter möglich als früher. Die zunehmende Zahl von Unfällen im Gebirge macht aber den Hinweis erforderlich: Nicht vom Wege abgehen, gutes Schuhwerk, Wetterschutz! Schwerere Touren sollten nie allein und von Unkundigen stets mit einem Führer unternommen werden.

Nachwort

Sicherlich hatten Sie beim Lesen und vielleicht auch beim Wandern durch die beschriebenen Gebiete die eine oder andere Frage, die nicht ganz beantwortet werden konnte. Deshalb möchte ich noch einige Erläuterungen anfügen.

Zudem ist es vielleicht ganz nützlich, all denen, die sich in der freien Natur nicht so ganz selbstverständlich bewegen, einige Tips zu geben. Das beginnt schon mit der zweckmäßigen Ausrüstung, die auf alle Fälle wetterfest sein soll. Gummistiefel sind unentbehrlich in allen Gebieten, die Moore, Watten, Flußniederungen aufweisen. Stabiles Schuhwerk mit gutem Profil ist im Mittel- und Hochgebirge unbedingt erforderlich. Ein Rucksack erleichtert das Tragen von Regenschutz, Wanderverpflegung und Getränken. Für die Beobachtungen im Gelände ist ein Fernglas, ausreichend lichtstark auch bei Dämmerung, sehr nützlich. Notizbuch, Bleistift, Lupe gehören ebenso zur Ausrüstung wie ein Fotoapparat, der mit einem Teleobjektiv und Stativ, einem Blitzgerät und nach Möglichkeit auch Vorsatzlinsen für Nahaufnahmen eine zuverlässige Dokumentation des Gesehenen erlaubt.

Wanderführer, die es in reicher Auswahl gibt, sind zur Vorbereitung und Durchführung der Exkursionen eine große Hilfe. Für das Hochgebirge empfiehlt sich neben einer guten Karte auch ein Kompaß und ein Höhenmesser. Die Regeln für das Wandern im Hochgebirge sollten grundsätzlich beachtet werden. Dies gilt vor allem für die Grundregel: Stets in der Unterkunft hinterlassen, wohin man wandert. Dies kann entscheidend sein, wenn einmal Hilfe benötigt wird.

Auskünfte über die einzelnen Gebiete erhalten Sie von den zuständigen Naturschutzbehörden und von den Wandervereinen. Sie können dort auch erfahren, welche Jahreszeit besonders empfehlenswert ist und ob die Wege begangen werden können. In manchen Gebieten ist das während des Winters und zeitigen Frühjahrs nicht immer der Fall.

Wollen Sie Ihre Kenntnisse von Pflanzen und Tieren erweitern, sollten Sie Bestimmungsbücher mitnehmen. Häufig hilft auch eine Skizze im Notizbuch oder eine Aufnahme, damit Sie von erfahrenen Naturfreunden später eine zuverlässige Bestimmung erhalten.

Sicher gäbe es noch eine Menge an Wissenswertem anzuführen, aber Sie sollen ja Ihre eigenen Erfahrungen sammeln und viel Freude an eigenen Entdeckungen haben. Dabei werden Sie sich nicht allein in geschützten Gebieten, sondern überall als echter Naturfreund verhalten. Sie werden keine Abfälle wegwerfen, kein Feuer machen, nicht lärmen und vor allem sowohl die Tiere als auch die Pflanzen schonen und erhalten. Damit tragen Sie dazu bei, daß unsere Heimat noch etwas von dem Reichtum bewahren kann, den sie zum Glück noch besitzt.